# 引爆增长

## 民营企业跃迁路径

刘庆 栾春晖 梁曼瑜 著

南方日报出版社
NANFANG DAILY PRESS
中国·广州

图书在版编目（CIP）数据

引爆增长：民营企业跃迁路径 / 刘庆，栾春晖，梁曼瑜著. —广州：南方日报出版社，2024.7
ISBN 978-7-5491-2870-9

Ⅰ. ①引… Ⅱ. ①刘… ②栾… ③梁… Ⅲ. ①民营企业－企业发展－研究－中国 Ⅳ. ①F279.245

中国国家版本馆 CIP 数据核字（2024）第 094675 号

YINBAO ZENGZHANG:MINYING QIYE YUEQIAN LUJING
引爆增长：民营企业跃迁路径

著　　者：刘　庆　栾春晖　梁曼瑜
出版发行：南方日报出版社
地　　址：广州市广州大道中 289 号
出 版 人：周山丹
出版统筹：刘志一
责任编辑：郭海珊
封面设计：邓晓童
责任校对：熊丽思
责任技编：王　兰
经　　销：全国新华书店
印　　刷：广东信源文化科技有限公司
开　　本：787mm×1092mm　1/16
印　　张：10.5
字　　数：152 千字
版　　次：2024 年 7 月第 1 版
印　　次：2024 年 7 月第 1 次印刷
定　　价：56.00 元

投稿热线：（020）87360640　　读者热线：（020）87363865

# 前言

## 民营企业引爆增长实现跃升的机遇与挑战

在中国，提到民营企业在国民经济中的作用，大众的印象就是中国民营企业“56789”，即民营经济贡献了中国经济50%以上的税收、60%以上的生产总值、70%以上的技术创新成果、80%以上的城镇劳动就业成果，以及90%以上的企业数量。民营企业的“多干事”故事代代传承。2018年10月24日，习近平总书记在广州开发区科技企业加速器园区视察时，与在场12家中小型科技企业的负责人亲切交谈，并提出“中小企业能办大事”这一重要论断。之后，中国民营企业的发展理念、发展方式和发展目标都发生了深刻的变化。

### 办大事的新征程与深化实践

随着中国经济进入新的发展阶段，民营企业的发展重心已从“多干事”逐步转向“办大事”。这一转变标志着中国民营企业从量的积累迈向质的飞跃，展现出更加明确的发展目标、更加先进的发展理念和更加科学的发展方式。

在发展理念上，民营企业已深刻认识到，单纯追求规模和速度的增长已无法适应新时代的要求，因此，它们更加注重创新驱动，将科技创新作为引领企业发展的核心动力。同时，它们也更加关注绿色发展和社会责任，致力于实现经济效益、社会效益和环境效益的有机统一。

在发展方式上，民营企业已逐渐摒弃单打独斗、各自为战的模式，转而寻求协同合作、共赢发展。它们通过与国有企业、外资企业、科研机构等建立紧密的合作关系，实现产业链、创新链、价值链的深度融合，从而提升企业整体竞争力和抗风险能力。

在发展目标上，民营企业已不满足于国内市场需求，而是将目光投向了更加广阔的国际市场。它们积极实施国际化战略，努力拓展国际市场份额，提升中国品牌的国际影响力和竞争力。

在办大事的深化与实践过程中，民营企业展现出了强大的创新能力和品质追求。它们紧跟科技前沿趋势，加大研发投入，培育自主创新能力，在人工智能、大数据、云计算等新一代信息技术领域，以及生物科技、新能源、新材料等战略性新兴产业领域取得了显著成果。2023 年，广东成为全国首个地区生产总值突破 13 万亿元的省份。广东同样连续霸榜的还有科学研究与试验发展（Research and Development，R&D）经费，2021 年，广东一马当先，R&D 经费突破 4000 亿元，在全国处于领先地位。据《2022 年全国科技经费投入统计公报》，2022 年，广东全省共投入 R&D 经费 4411.9 亿元，约占全国 R&D 经费投入的 14.3%。同时，民营企业注重提升产品和服务的质量，通过引进国际先进的质量管理体系和方法，加强全面质量管理，努力打造高品质、高附加值的产品和服务。

此外，中国民营企业在履行社会责任方面也展现出了高度的自觉性和担当精神。他们关注环境保护、资源节约、社会公益等问题，积极投身脱贫攻坚战和全面建成小康社会等伟大事业，为实现经济效益和社会效益的双赢作出了积极贡献。

展望未来，中国民营企业将继续在办大事的道路上砥砺前行。它们将秉持更加开放、创新、务实的发展理念，以更加坚定的步伐走向世界舞台中央，为实现中华民族伟大复兴的中国梦贡献更大的智慧和力量。同时，它们也将继续深化与国有企业、外资企业等各方的合作与交流，共同推动中国经济实现高质量发展。

### 化解民营企业成长中的烦恼

在民营企业的发展道路上，挑战与烦恼是常态，它们如影随形，考验着每一位企业家的智慧与决心。这些烦恼，或源于外部市场环境的瞬息万变，或源于企业内部管理的日趋复杂，抑或源于技术创新的巨大压力。然而，在历史长河中，无数民营企业正是通过不断应对和战胜挑战，才实现了从小到大、从弱到强的华丽转身。

为了深入剖析成长中的这些烦恼，广州市工商联牵头开展了广泛的调研活动。广州市促进民营经济发展研究院走访了近千家企业，与企业家面对面交流，倾听他们的心声与困惑。通过这些调研，一幅民营企业成长的烦恼图谱逐渐清晰起来。

在这幅图谱中，如何选择创新驱动增长成为许多民营企业的共同关切。他们深知，技术是企业的核心竞争力，但如何在浩如烟海的技术领域中找到适合自己的突破点？如何平衡研发投入与市场回报，确保企业可持续发展？这些问题困扰着每一位渴望创新的企业家。

与此同时，红海市场的突围也是民营企业必须面对的挑战。在竞争激烈的市场环境中，如何通过商业模式的创新来实现差异化竞争？如何重新组合商业元素，形成新的竞争优势？这些问题考验着企业家的商业智慧和创新精神。

吸引人才、调动员工积极性也是民营企业成长中的一大难题。随着企业规模的扩大，如何设置合理的薪酬待遇和股权激励，以吸引和留住优秀人才？如何兼顾员工的事业发展和个人成长需求，打造一支充满活力和凝聚力的团队？这些问题成为企业家们必须思考的课题。

除此之外，加入核心的价值网络体系、建立多元复合的企业文化、利用文化杠杆效应与私域用户互动沟通、选择合适的时机进行品牌升级以及建立智能化工厂以提升管理效率等，都是民营企业在成长过程中需要面对和解决的问题。

更值得一提的是，随着改革开放的深入推进，民营企业还面临着事业和财富的传承问题。如何选择合适的传承方式？培养“企业家二代”接班还是选择职业经理人接盘？如何确保企业在传承过程中不发生大的波动和损失？这些问题成为许多民营企业家的心头大事。

面对这些烦恼和挑战，广州市促进民营经济发展研究院基于近千家企业的调研数据，汇聚成这本案例集。本书不仅揭示了广州民营企业引爆增长的商业密码，更为中国广大民营企业的高质量发展提供了宝贵的智力成果和借鉴经验，在这里，民营企业定能寻找到解决诸多发展核心问题的参考答案：

诸如，民营企业该如何选择创新驱动战略，如何从一个技术突破点升级为拥有一套体制机制，形成系统性创新驱动的企业战略？投入和产出比如何评价？又应该有怎样的阶段性投入规划，以实现阶梯式发展？

诸如，企业面临一个近乎红海的成熟市场如何去突围，当单点的技术创新突破无法解决差异化竞争优势问题时，如何将诸多商业元素通过更加高效的动作方式，有机整合到一个更大的价值网络体系，以实现资产和生产要素以及资源价值的倍增，并成为一种新商业模式？

诸如，除了薪酬待遇和股权激励等硬回报承诺，如何调动企业内部员工的积极性，将优秀员工发展成真正的事业合伙人，将雇佣关系升级为合伙关系，做到公司上下一心，扩大企业内部向心力和凝聚力？

诸如，企业应该如何选择加入一个核心价值网络体系，傍上一个“大款”，找到一棵“大树”，无论是在业务带动方面、技术源头方面还是在品牌赋能方面都获得持续不断的资源支持，在商业生态体系中找到自己的生态位？

诸如，企业如何从创始人一个人的文化影响，广泛吸纳更多元的文化要素，从而建立起更多元复合的企业文化，带动企业从一个人的公司走向一群人的公司，实现规模的扩张和跃迁，并让这种文化不断进化、自我升级并永续传承？

诸如，企业如何在后产品和技术竞争时代，通过文化杠杆效应，直接实现和私域用户的互动沟通，从而拥有粉丝级超级用户，从一个拥有产品的企业到拥有用户的企业，从提供功能价值到提供情绪价值的全能型企业？

诸如，企业应该在怎样的时间节点进行品牌升级？实现品牌升级战略成功的核心依托要素又有哪些？怎样选择最优的品牌升级投入方向和路径？在新的数字经济时代又将如何完成品牌的迭代升级？

诸如，从经销商升级为品牌商的过程中，企业应该如何解决资金来源问题，如何选择定位一条未来有前途的产品线和业务线，用怎样的策略来增强品牌的深度和厚度，使品牌真正具有价值，从而将品牌价值转化为现实的经济价值？

诸如，如何在数字化时代建立起智能化工厂，用数据中台统一企业的管理，让数字跑腿、智能决策成为管理常态，做到用数据管理，依托数据决策让管理的可控性不断增强，让企业领导者也变得轻松惬意？

诸如，如何找到适合自己的企业事业和财富传承的方法，是培养“企业家二代”接班还是选择职业经理人接盘？无论用何种方式，能够传承和可持续发展的企业是怎样的状态，需要具备哪些基本条件，“创一代”的交接棒应该交到哪里？

以上列举的每一个问题，都是关乎企业健康发展的关键难题与困扰，解决了以上每一个问题，基本会使企业引爆增长。在企业经营管理中，解决核心问题必然带来引爆增长，而直接关注产品销售和业务拓展数据的显性增长，并不能确保带来企业经营管理实质意义上的深层次提升。

企业经营的功夫看似在业绩数字之上，但努力的方向是解决背后诸多影响增长的核心发展问题。在看不见的地方用力，在看得见的地方反馈，精通解决核心问题的幕后功夫，找到企业业绩不断增长的真正密码，才是每一位企业家商业智慧的精华，也是我们此书的内容精髓。

对于以上每一个问题，你都能够在本书中找到一份答案，虽然未必就是这个核心问题的终极答案，却是已经被印证的解决问题的一套系统方案，因为每一个答卷人都是引爆增长的发起者，并最终成为引爆增长实践成果的拥有者。

通过这本书，我们可以看到广州民营企业在面对成长烦恼时的抉择与成功经验，它们的智慧与勇气不仅为自身发展开辟了新的道路，更为其他企业家提供了宝贵的启示和借鉴。我们期待更多民营企业借鉴这些经验和方法论，成功绕开障碍、避免掉坑，实现更加稳健和持续的发展。

### 五招十式：民营企业的发展密码

增长是解决以上烦恼和问题的良药。本书共设置五个部分，共十章，也可称为“五招十式”。以广州民营企业为典型案例，围绕民营企业发展过程中常见的产品、技术、资本、创意、团队、联盟、业务、管理、传承等的具体问题和应用场景，通过系统的总结和梳理，形成“创新、联盟、文化、品牌、管理”五大核心要素，包含“技术创新、模式创新、对外联盟、对内联盟、文化基因、文化杠杆、品牌升级、自有品牌、常态管理、未来管理”十大引爆增长的核心密码。

| 五招 | 创新 | | 联盟 | | 文化 | | 品牌 | | 管理 | |
|---|---|---|---|---|---|---|---|---|---|---|
| 十式 | 技术创新 | 模式创新 | 对外联盟 | 对内联盟 | 文化基因 | 文化杠杆 | 品牌升级 | 自有品牌 | 常态管理 | 未来管理 |
| 作用 | 支点 | | 捷径 | | 起点、至高点 | | 明灯 | | 里子 | |

书中案例企业包括海大集团、金域医学、洁特生物、欧派家居、唯品会、比音勒芬、奥飞娱乐、视源股份、云从科技等行业龙头企业和上市公司，也包含芬尼科技、佳都科技、领英科技、声博士、成至智能、树根互联等诸多新锐的科技型创新企业，深入、系统地还原这些企业引爆增长，成为行业龙头以及垂直细分领域独角兽的独家秘籍。

在广州众多民营企业的生动实践中，我们可以探寻到一条清晰而富有张力的增长轨迹。它们的发展历程，不仅是一部部鲜活的创业史，更是对创新、联盟、文化、品牌、管理等核心要素的深刻诠释。

创新，是推动广州民营企业不断前行的核心支点。在这个变革的时代，无论是技术创新还是模式创新，都将撬动企业打开新的增长点。民营企业凭借敏锐的洞察力、无限的创意力和果敢的行动力，在市场的洪流中找到了自己的立足点，并不断拓展边界，实现跨越式发展。

联盟，是广州民营企业实现资源整合和价值最大化的重要捷径。民营企业通过对外联盟，与产业链上下游的合作伙伴紧密协作，共同构建强大的价值网络；通过对内联盟，团结内部员工和合伙人，激发团队的最大潜能。这种联盟的智慧，使它们在竞争激烈的市场中脱颖而出，成为行业的佼佼者。

文化，是民营企业的灵魂所在，不仅是企业发展的起点，更是决定企业能否达到至高点的关键因素。从创业伊始，创始人的个人风格和管理理念就深深烙印在企业的文化基因中。随着企业的发展壮大，这种文化基因被不断传承和升华，成为凝聚人心、引领方向的重要力量。它们以文化为纽带，团结各方力量，走向更高远的未来。

品牌，是广州民营企业走向市场的明灯。民营企业通过品牌升级和自有品牌建设，不断提升产品和服务的附加值，赢得消费者的信任和喜爱，让企业的价值创造过程熠熠发光。它们以品牌为明灯，撬动更大的市场份额，实现快速增长。

管理，是广州民营企业稳健发展的重要保障。民营企业通过常态管理和未来管理的有机结合，确保自身在复杂多变的市场环境中保持稳健的步伐。它们以管理为手段，优化资源配置，提升运营效率，为企业的持续发展奠定坚实基础。

在广州这片热土上，无数民营企业正以前所未有的姿态和活力，书写着属于自己的传奇。它们凭借“创新、联盟、文化、品牌、管理”五大核心要素，不断引爆增长，成为行业的领军者，为中国民营经济注入了强大的动力。

未来，我们期待更多民营企业掌握这五大核心要素，以更加开放的姿态、更加务实的行动，不断开拓创新，实现更大的商业价值和社会价值。

## 引爆增长：一场系统而多元的企业变革

尽管每个核心问题的解决都可能引发企业的快速增长，但在实际经营中，要实现真正、可持续、健康的发展，企业需要解决的问题更复杂。而且，引爆增长的“五招十式”并非孤立存在，而是相互关联，共同构成企业经营的完整体系。

企业经营是一个复杂而系统的过程，涉及多种生产要素和时代背景，要求企业根据不同的条件采用不同的经营管理方式。更重要的是，企业管理本身就是一项系统工程，包括创新、文化和品牌等方面，具体来说就是需要管理体系的支撑、内外部联盟的一致行动、技术创新产品的推动，以及积极向上的创新文化氛围。

在诸多企业案例中，我们可以看到这种系统性和多元性。例如，洁特生物通过在技术创新、内部联盟和积极的企业文化等多方面的努力，实现了引爆增长。而希音则通过模式创新、对外联盟和常态管理等多个模块的协同作用，抓住了新商业变革带来的市场机会，迅速崛起为全球最大的快时尚服装品牌。

这些案例告诉我们，要实现引爆增长，企业需要在多个领域和模块中掌握核心技能，并形成协同效应。企业不仅需要具备强大的资源整合能力，还需要具备敏锐的市场洞察力和持续的创新精神，综合应用创新、联盟、文化、品牌、管理等引爆增长的手段和工具，从而不断引爆企业增长。

因此，对于追求增长的企业来说，重要的不是掌握一招一式，而是构建一个系统而多元的增长体系。例如，这个体系可以包括技术创新、对内联盟、文化杠杆、品牌升级和常态管理等多个方面，它们相互关联、相互促进，共同推动企业的持续增长和健康发展。

### 民营经济：时代变迁中的先锋与自我进化者

随着时代的变迁，民营经济如日中天，成为推动国家繁荣不可或缺的力量。2023 年 7 月 19 日，《中共中央 国务院关于促进民营经济发展壮大的意见》的发布，更是为民营经济注入了强大的信心与动力。文件明确指出，民营经济是推进中国式现代化的生力军，是高质量发展的重要基础，是推动我国全面建成社会主义现代化强国、实现第二个百年奋斗目标的重要力量。

然而，在这个风云变幻的经济大环境下，无论是宏观层面的世界经济格局重塑，还是微观领域的科技进步带来的商业逻辑革新，都在对民营经济提出前所未有的挑战。从互联网平台经济的崛起，到人工智能的广泛应用，再到消费主权时代的来临，每一个变革都深刻地改变着商业的底层逻辑和运营方式。

面对这一切，民营经济必须展现其特有的灵活性和适应性。它不仅需要随着时代的变化而自我进化，更需要在企业发展模式、核心驱动力要素、可持续发展战略、科技创新路径以及品牌塑造等多个方面进行深刻的反思和升级。曾经的成功经验虽然宝贵，但未必能完全适应日新月异的商业战场。

正如战士在不同的战争场景中需要灵活变换战术和武器一样，民营企业在全新的商业竞争环境下也需要不断探索和创新。引爆增长的方法和逻辑，已经不再是一成不变的公式，而是需要随着市场的脉搏和消费者的需求进行持续升级和进步。

在这个变革的时代里，让我们共同期待民营经济以其独有的魅力和活力，继续书写属于自己的辉煌篇章！

# 目录


## 第一部分
## 创新：引爆增长的支点

**第一章　技术创新：寻找企业增长的新引擎 ………………………… 3**

第一节　洁特生物：找到增长支点就找到了突破口 ………………… 4

第二节　康立明生物：一个创新支点引发的连锁裂变效应 ………… 7

第三节　海大集团：创新融为企业基因 ……………………………… 9

第四节　总结：技术创新引爆增长有公式 ………………………… 12

**第二章　模式创新：发现新商机，驶入新蓝海 ……………………… 15**

第一节　唯品会：创新“闪购”模式，引领电商新潮流 ………… 17

第二节　希音：颠覆传统“快时尚”模式 ………………………… 21

第三节　尚品宅配：开启 C2B 模式，撬动家居行业变革 ……… 25

第四节　领英科技：人情与智造，颠覆时尚世界 ………………… 29

第五节　总结：如何抓住模式创新的机会 ………………………… 31

## 第二部分
## 联盟：引爆增长的捷径

**第三章　对外联盟：织起价值创造的大网 ………………………… 37**

第一节　佳都科技：投资投出来的智能生态圈 …………………… 38

第二节　金发科技：产业园打造联盟圈 …………………………… 41

第三节　网思科技：弱者求生意，强者谋联盟 …… 41
第四节　总结：企业引爆增长的必选项 …… 43
**第四章　对内联盟：引爆企业增长的源源动力 …… 46**
第一节　芬尼科技：用裂变式创业驱动增长 …… 47
第二节　云从科技：有人才，才有人工智能 …… 50
第三节　大厂实践：前员工联盟的重要性与价值 …… 52
第四节　总结：联盟是捷径，也是答案 …… 56

## 第三部分

## 文化：引爆企业增长的起点与至高点

**第五章　文化基因：从创始人文化到企业文化的演变 …… 60**
第一节　星河湾：稳健品质之路，匠心铸就卓越 …… 62
第二节　视源股份：工程师文化的辉煌演绎 …… 65
第三节　网思科技：从模仿到自建的成功 …… 68
第四节　总结：企业文化基因一直在进化的路上 …… 71
**第六章　文化杠杆：企业竞争的必备高级武器 …… 74**
第一节　香雪制药：高举中医药文化的大旗，引领大健康产业的蓬勃发展 …… 76
第二节　正佳广场：文化创新引领，打造旅游式商业新地标 …… 79
第三节　奥飞娱乐：动漫之翼，翱翔儿童梦想王国 …… 81
第四节　总结：中国民营企业增长的生命线与竞争力源泉 …… 84

## 第四部分

## 品牌：引爆增长的明灯

**第七章　品牌升级：广东民营企业的成人礼 …… 91**
第一节　比音勒芬：从渠道入手逐渐找到客户 …… 93
第二节　茵曼：将棉麻融入时尚 …… 96
第三节　广州餐饮：城市标签的时代承载 …… 97
第四节　总结：品牌升级的三部曲和两大关键 …… 99

**第八章　自有品牌：贸工技道路上的一场修炼 …………………… 102**
第一节　声博士：驾驭声音的赢博士 …………………………………… 103
第二节　成至智能：贸品技模式的新路 ………………………………… 107
第三节　汇美时尚：服装工厂到时尚集团的蜕变 ……………………… 110
第四节　总结：企业品牌升级跃迁的秘籍 ……………………………… 111

## 第五部分

## 管理：引爆增长的里子

**第九章　常态管理：让一个复杂机体有序起来 …………………… 115**
第一节　欧派家居：定制家居服务的巨无霸 …………………………… 116
第二节　领英科技：智能制造工厂的效率革命 ………………………… 123
第三节　希音：数字化生态体系的一网打尽 …………………………… 124
第四节　树根互联：两种管理文化的融合协同 ………………………… 126
第五节　总结：效率才是里子中的里子 ………………………………… 128
**第十章　未来管理：一个可持续发展的企业才有价值 …………… 130**
第一节　金域医学：留给后人一个可持续发展企业 …………………… 133
第二节　海缝：子承父业的创业伙伴 …………………………………… 140
第三节　云从科技：使企业开放并回归社会 …………………………… 144
第四节　洁特生物：父子二人是创业搭档 ……………………………… 147
第五节　总结：开放才是企业未来管理的核心点 ……………………… 148

**后记：民营企业引爆增长之广州实践 ………………………………… 151**

# 第一部分 创新：引爆增长的支点

在当今的企业管理领域，无论是公司的高层决策者还是基层员工，提及最多的热词无疑是“创新”。创新，作为激发企业增长潜能的核心要素，不仅在学术界和业界达成了广泛共识，更在市场竞争中展现了其不可替代的价值。然而，将创新从一个单纯的概念支点，逐步演化为推动企业全面发展的强大动力，实现从点到线、从线到面、从面到体的全方位升级，这一过程充满挑战与艰辛。

虽然许多企业的创业之路都起源于一个创新点子，但随着创新环境的不断变化，也有不少企业在创新的道路上遭遇困境，甚至中途夭折。创新，这个看似充满诱惑的支点，实则蕴含着极高的驾驭难度和风险。它的不确定性，既可能带来巨大的商业价值，也可能导致惨重的失败。

如何找到那个能够真正引爆企业增长的创新支点？这在不同的发展阶段需要不同的策略和智慧。从战略规划到具体实践，从初步见效到持续发展，创新不是一句口号或一次性技术投入，而是一个需要长期耕耘、系统布局的复杂工程。

在企业发展的初期阶段，创新往往集中在一个具有突破性的技术或产品上，这是企业进入市场并展开创业活动的起点。然而，此时的企业如同刚萌发的幼苗，根基尚浅，仅凭一个创新点还不足以支撑起整个商业体系。因此，需要将这个创新支点与完整的价值链条相结合，形成有效的杠杆效应，才能撬动市场的巨石。

随着企业的成长和市场竞争的加剧，创新成为打破僵局、建立差异化竞争优势的关键所在。在这个阶段，企业需要找到新的创新支点，并围绕这个支点构建一条全新的价值创造路径。这可能涉及技术的升级、业务模式的颠覆或市场策略的调整，目的在于在激烈的存量市场中开辟出一片新的蓝海，找到企业增长的第二曲线。

企业步入成熟阶段后，创新就不再是一个简单的支点或线性的发展过程，而是演变为一个全方位、多层次的创新体系。此时企业已经具备强大的市场影响力和创新能力，创新成为企业文化的重要组成部分。在这个阶段，创新能够智能化地适应市场需求的变化，企业内部涌现出更多创新主体和实践案例，形成了一种全民参与、自我突破的创新氛围。

创新驱动型企业是未来市场的主导力量。它们通过不断地寻找和培育创新支点，构建起完善的创新链路和创新机制，并形成整套创新体系，最终实现从点到线、从线到面、从面到体的全方位升级。这种持续的创新能力和支点作用，是企业实现长期增长、保持市场领先地位的核心动力。

总之，创新贯穿于企业的整个生命周期，它既是企业发展的信仰和基石，也是应对不同市场挑战的关键武器。无论是增量市场的拓展、存量市场的竞争还是成熟市场的巩固，创新都扮演着至关重要的角色。

# 第一章
# 技术创新：寻找企业增长的新引擎

回望过去，广东乃至中国的民营企业在改革开放的春风中蓬勃发展。它们凭借劳动力成本优势和广阔的增量市场空间，实现了快速增长。然而，随着改革开放的不断深入和宏观经济环境的变迁，企业面临着从增量经济向存量经济的转变。在这一背景下，技术创新成为新一轮经济增长的关键驱动力，也是企业亟待把握的战略机遇。

过去，技术创新往往在企业遭遇产品和市场瓶颈时才被提上日程。如今，越来越多的企业在创业初期就将技术创新作为核心战略，从零开始构建自己的技术体系。这种技术派创业已经成为新时代企业的基本底色，而技术创新在引爆企业增长中的支点作用也愈发凸显。

技术创新不仅是企业业务拓展的利器，更能够延伸出源于技术创新的产品链、业务链和价值链。这是企业创造价值的源泉，也是推动企业不断发展壮大的重要动力。而要充分发挥技术创新的支点作用，企业需要在战略认知层面和方法手段层面进行提升和准备。

在战略认知层面，企业需要专注聚焦，找到解决问题的核心突破点。这要求企业对行业发展、市场需求以及自身资源储备有深刻的认识，并具备专业的洞察能力和发现问题的能力。同时，企业还需要有迎难而上的勇气和决心，长期投入技术研发和攻关，从而在战略层面战胜一切挑战。

在方法手段层面，企业需要清醒认识到技术创新是系统工程。一方面需要围绕技术创新的点攻坚克难，另一方面需要配套将技术创新转化成为现实的产品和服务。此外，企业还需要对技术创新的系统性、投入产出的长期性有充分准备。

更宏观地看，一旦企业将技术创新作为驱动和引爆增长的核心手段或差异化竞争的手段，就必须确保创新的持续性。这意味着企业需要一直在技术创新的道路上引领前行，一朝选择技术创新路线，一生走在技术创新之路上。这也是技术创新带给企业的一种特殊属性。

这种技术创新路线的过程是：企业从创新的起点出发，逐渐发展并建立起保障创新的机制和体制，最终形成一个由创新系统支撑的生态。在这个过程中，技术创新将始终伴随企业成长，成为企业发展道路上的永恒课题。

## 第一节　洁特生物：找到增长支点就找到了突破口

广州洁特生物过滤股份有限公司（简称“洁特生物”）是国内领先的细胞培养及液体处理类生物实验室一次性塑料耗材研发、生产与销售的高新技术企业。这家企业的诞生与发展，离不开袁建华这位中国医科大学医学硕士研究生、南京医学院医学硕士的执着追求与不懈努力。

洁特生物的主要产品包括生物培养和液体处理两大类生物实验室一次性塑料耗材，并配有少量试剂、小型实验仪器等，产品种类丰富，涉及 700 余种。这些产品不仅满足了国内外生物实验室用品的多样化需求，也展现了公司在生物实验室用品领域的强大实力和广阔前景。

### 一、找到突破口的一路攻关

1992 年，袁建华怀揣着梦想，远赴美国哈佛大学公共卫生学院留学，并在那里工作了五年。他深刻体会到了国内外在生物技术研究工具方面的鸿沟。当时，国内的生物系学生仍将大量时间耗费于清洗玻璃实验器皿和试管等琐碎工作上，这不仅效率低下，而且往往因为清洗不干净而影响实验结果的准确性。与此形成鲜明对比的是，美国和欧洲等发达经济体早已普及使用一次性塑料实验器皿，从而极大地解放了劳动力，提升了技术研发效率。这种强烈的反差深深触动了袁建华，也点燃了他改变国内生物实验耗材现状的雄心壮志。

然而，要解决这一难题，就必然要对普通的塑料进行改性。尽管当时国内新材料领域的技术应用刚刚起步，但工业级别的塑料改性技术还都依赖国外技术，医用领域、生物应用级别的塑料改性技术更是一片空白。

作为技术牵头人，袁建华并未因前无古人而放弃探索。他毅然搁置了手头的所有项目，全身心地投入实验室中，致力于攻克塑料改性的技术难题。他沉浸于各种实验方法，深入钻研国外学术文献，拆解分析国外产品，同时不断试验国内材料，旨在突破塑料的疏水性和亲水性限制，并实现大规模生产，以国产替代进口，满足中国实验室对耗材的需求。

在探索过程中，袁建华广泛涉猎国外研究资料，无论是已知的技术还是未知的材料，都成为他尝试改性的对象。即便多次尝试无果，他仍坚持记录每一次实验的结果，从而积累了丰富的第一手改性塑料技术数据。

经过近三年孜孜不倦的研究与实验，袁建华和他的团队在几个关键领域取得了突破。他们相继发现了温敏技术、伽马辐照技术和3D打印技术在塑料改性中的重要作用，并将这些发现转化为提供材料亲水性和疏水性的核心技术。

高分子材料表面亲水改性技术明显改善了贴壁型细胞在培养表面的贴壁类型和贴壁率，提高细胞的成活率和扩增能力，进而提高细胞产量，满足细胞培养产业化的需求；温敏接枝改性技术，使细胞培养结束后不需添加胰酶消化，就能实现细胞的自动脱落收获，大幅提高实验效率；而3D细胞培养支架最大化模拟了细胞在活体内的生长环境，并显著地增加了细胞的培养表面积。内装有3D细胞培养支架的细胞灌流培养系统，可以实现细胞的连续培养，自动补充新鲜培养基和氧气，调节二氧化碳浓度及酸碱度等，是开展细胞治疗的可靠装备。

在不断攻关与尝试的过程中，洁特生物逐步取得了阶段性的成果。这些成果以多元化的解决方案和手段呈现，不仅展现出良好的市场应用效果，而且品质和性能与国外公司产品相比毫不逊色。这极大增强了洁特生物技术研发团队的自信心，激发了他们继续前行的动力。

## 二、父子接力的国际化征程

在原材料改性技术取得重要突破后，袁建华和他的团队并没有止步，他们继续在相关生产工艺和生产模具的技术创新方面展开定点攻关。经过不懈努力，团队成功掌握了热流道技术、管壁厚度自动控制技术、气密性测漏技术、高速高精度挤出技术、在线无屑切割技术、全自动拉伸技术、全自动超声焊接技术以及全自动塞芯设备技术等一系列关键技术。

这些技术不仅使洁特生物的产品在质量上达到了国际先进水平，而且为公司的规模化生产奠定了坚实基础。从一个技术点的突破到整条生产线的规模化落地，洁特生物成功实现了商业价值从技术到市场再从市场到应用的成功转化。这一路径的形成标志着公司在技术创新和市场应用方面取得了重大进展，为未来的发展奠定了坚实基础。

此时，袁建华的儿子 Yuan Ye James（袁晔）加入，为袁建华的创业路带来了更多突破。这位在海外学习工作并拥有市场营销专业知识的年轻人，2005 年加入了洁特生物，担任国际业务的销售经理，肩负起了拓展海外市场的重任。

Yuan Ye James 凭借海外求学背景和对海外市场的熟悉，加上洁特生物核心技术水平的支撑，成功为洁特生物的实验室耗材产品打开了国际市场。他与包括 VWR、Thermo Fisher、GE Healthcare 等在内的国际知名生物实验室用品综合服务商建立了合作关系，引发了洁特生物一轮爆发式增长。这不仅成功奠定了品牌在国际市场上的地位，也让袁建华和他的团队看到了更加广阔的未来。

洁特生物的产品成功进入了国际知名生物实验室用品综合服务商的全球供应链体系，这对公司逐步打破欧美知名综合服务商的技术垄断战略目标起到了积极的推动作用。除了通过 ODM① 模式拓展海外市场，洁特生物还致力于打造自主品牌，以经销模式进一步拓展海外销售。目前，公司的自主品牌产品已成功进入 FUNDACAO ZERBINI INCOR（巴西知名生命科学实验室）和 TECNOVAX SA（阿根廷知名动物疫苗生产商）等机构，这极大地提升了公司的品牌影响力，并为公司拓展了更广泛的客户资源。

国际知名生物实验室用品综合服务商的认可不仅从侧面印证了洁特生物核心技术能力的先进性，也用实际的市场订单对袁建华团队的努力给予了肯定。品尝到技术创新带来的成果后，洁特生物继续深耕塑料改性技术的性能提升和多方面优化，同时在模具多样化开发、产品定制化开发等更多领域展开技术创新的突破。这些努力支撑了公司产品的不断迭代更新和业务的持续拓展增量。

如今，洁特生物已经成为国内领先的生物实验室一次性塑料耗材研发、生产与销售的高新技术企业。这一切成就离不开袁建华的技术突破和 Yuan Ye James 的国际化拓展。父子两人的接力合作不仅铸就了洁特生物的辉煌今天，也为整个生物科技领域的发展注入了新的活力。

---

① ODM：即原始设计制造商，可以根据客户提出的产品需求，例如功能需求、产品生产思路等，从产品的维护、生产以及产品开发等方面提供全方位的服务。

### 三、行业龙头品牌的最终确立

在成功通过 ODM 模式进入国际知名生物实验室用品综合服务商的全球供应链体系后，洁特生物不仅稳固了行业地位，更开启了自主品牌国际化的新征程。创立自有国际品牌，是洁特生物角逐海外市场、深化品牌影响力的重要一步。采用经销模式进行产品销售，洁特生物的产品得以更广泛地覆盖海外市场，不断增强其在国际舞台上的影响力和竞争力。

2019 年，洁特生物成功通过首次公开募股（IPO）上市，成为中国生物实验室一次性塑料耗材市场的领军企业。凭借在国际市场上已经得到行业龙头品牌认可的技术和产品领先性，洁特生物开始了自主品牌的打造过程。同时，这种技术能力和产品也迅速在国内市场占据了一席之地，为中国生物实验室一次性塑料耗材实现全面国产替代奠定了基础。

随着创业环境的不断优化，博士、工程师等专业技术人才创业的比例逐年攀升，在创业初期深厚的技术背景往往能为企业的发展奠定坚实的基础。然而，经营一家企业需要市场、营销、管理等多方面的综合能力。在这个过程中，单一技术背景的文化基因需要不断融入更多元化的元素，形成更加健康、合理的企业文化，以支撑企业的长远发展。

技术创新为洁特生物带来了产品和业务的重大突破，推动了经营业绩的迅猛增长，并形成了稳健、可持续的商业模式。在生物实验室一次性塑料耗材领域，洁特生物已跻身行业前列。2019 年，公司营业收入达到 2. 47 亿元，2013—2019 年营业收入的复合增长率高达 23%。新冠疫情期间，市场对防护类耗材和液体处理类耗材的需求猛增，公司顺势提高产能，加大市场供给，2021 年前三季度实现营业收入 6. 32 亿元，同比增长 67. 44%，其中，防疫相关产品占比约 53. 84%，这充分显现了公司多年来技术创新厚积薄发的威力。

## 第二节　康立明生物：一个创新支点引发的连锁裂变效应

在广州这片科技创新的热土上，广州康立明生物科技股份有限公司（简称“康立明生物”）犹如一颗璀璨的明星，在医学检验领域特别是体外检测、诊断细分市场中熠熠生辉。凭借在分子检测领域的杰出创新研发能力，康立明生物成功推出了填补国内市场空白的大肠癌体外早期筛查试剂盒——“长安心”。这一产品在2018年11月获得国家药监局的批准上市，成为中国首个粪便DNA肠癌检测产品，该产品能检测到高达92%的大肠癌和42%的癌前腺瘤，并保持87%的特异性。

传统的肠道健康检测主要依赖肠镜，这一过程不仅价格昂贵，还需要用户通过服用泻药等方式清空肠道，并面临一至两个月的等待时间。这种不便使许多人对肠镜检测望而却步，从而影响了对肠道疾病的及时发现和治疗。而在美国，大肠癌的体外检测技术已经相当成熟，通过粪便筛查试剂盒进行筛查已是普遍做法。而康立明生物的“长安心”试剂盒，于2014年通过美国FDA（食品药品监督管理局）批准，并获得了美国国家医保报销许可，在技术精准性和市场普及性上都有着显著优势，它改变了国内传统的、较为不便的肠道健康检测方式。

康立明生物的创始人邹鸿志教授，是国家重大人才工程入选者、大肠癌早筛技术发明人。邹鸿志在博士期间师从上海瑞金医院的全国知名大肠癌治疗专家郁宝铭教授，后来他到美国梅奥诊所和纳斯达克上市公司Exact Sciences[①]从事大肠癌无创筛查技术研发工作十多年，并获得了梅奥诊所的终身教职。2015年，邹教授带着让大肠癌筛查新技术在中国得到推广应用的愿景回国创业，与中山大学附属第六医院建立了联合实验室，专注于大肠癌筛查及分子检测技术的研发。

他明白，只有掌握了核心技术，才能确保创新产品的商业价值得以充分体现。因此，他带领创业团队全力以赴，聚焦科技攻关与创新。从早期筛查试剂的研发，到筛查因子的精确识别，再到产品有效性的反复验证，团队成员们全身心投入，积累了大量宝贵的实验数据。他们潜心钻研，不断完善相关应用环节，最终成功实现了预言和验证的目标。

经过持续不断的高标准研发、强资源投入及超专业的创新氛围营造，康立明生物终于在2018年研发出拥有自主知识产权的“长安心”试剂盒，并获得了国家药监局的医疗器械三类证书，正式上市销售。

---

① Exact Sciences：这是一家总部位于美国威斯康星州的生物技术公司，专注于癌症筛查和诊断。

凭借核心技术的创新突破、人性化的产品设计以及可信赖的有效数据，“长安心”试剂盒一经推出便迅速占领市场，为康立明生物带来了可观的商业回报。截至2023年，康立明生物已获得国内18个省市的物价收费条码，产品进入600多家医疗机构，已完成超过20万例相关检测，成为国内肠癌早筛领域的佼佼者。

同时，康立明生物的营业额也在短短几年间从千万元级别跃升至亿元级别，实现了业绩的爆发式增长。一款产品的成功，也激发了其研发团队向更多技术攻关领域拓展新的边界，开启更多产品研发的新步伐，成体系的围绕癌症早筛的更多领域产品也进入了新的研发攻关周期。

除了在肠癌领域成功推出“长安心”试剂盒，康立明生物一直在积极拓展其他肿瘤早期筛查诊断产品的研发，并已在肺癌、膀胱癌、宫颈癌、肝癌等多个领域取得突破性进展，相关产品和即时检测设备陆续进入临床测试阶段。

这种从一个创新点到多个创新点的传导过程，就像核裂变效应一样，在康立明生物内部产生了巨大的影响。首次技术创新的成功引爆，不仅实现了量级层面的不断迭代，更加速了这种裂变效果的放大，推动了公司整体的快速发展。

有人认为，技术创新有不确定性和诸多高难度挑战，需要投入大量人才储备和资源。然而，他们往往忽略了技术创新背后蕴藏的巨大潜力，一旦找到引爆点，技术创新就能够引发连锁反应，产生指数级的市场效果，并为公司带来源源不断的后续创新动力。这正是技术创新的最大魅力所在：虽然门槛高，但回报丰厚而深远。

## 第三节　海大集团：创新融为企业基因

广东海大集团股份有限公司（简称“海大集团”）成立于2004年，总部位于广州番禺，一直专注于水产和畜禽饲料的研发、生产与销售，并逐步拓展至动物保育、动物种苗、畜禽养殖及健康食品等全产业链领域。

历经20余年的稳健发展，海大集团已在全球范围内拥有600余家分、子公司，汇聚了超过35 000名优秀员工。为持续推动行业创新，公司建立了1个中央研究院、3大研发中心和10余个研发中试基地，形成了强大的科技创新研发能力及配套体系。这一坚实的科技基石，不仅为海大集团的业务增长注入了强劲动力，更彰显了其创新驱动战略的深远影响。

从创立之初起，海大集团就将创新理念深植于企业血脉之中。在技术创新与业务发展的并行轨道上，公司不断实现自我突破与进化，从单一的技术创新点逐步扩展到全面的创新机制并形成整套创新系统。正是这种持续的创新驱动，成就了海大集团如今的行业领先地位，并使其成为一家以创新驱动为核心战略的杰出企业。

海大集团创始人薛华，1992 年毕业于华中农业大学水产学院特种水产养殖专业，1995 年获中山大学生命科学院动物学硕士学位，2004 年正式踏入饲料行业这一传统领域。当时，市场上已经充斥着各种类型和品牌的饲料企业，其中不乏规模较大的市场领导者。在这样激烈的竞争环境下，薛华深知，要想立足并生存下来，唯一选择就是通过技术创新和差异化发展策略来深入这个领域。

正是基于这样的战略思考，海大集团在薛华的带领下，始终坚持以技术创新为核心驱动力，不断推出具有市场竞争力的新产品和解决方案。这种创新引领的企业经营理念，不仅让海大集团在饲料行业中脱颖而出，更为其后续的快速发展奠定了坚实的基础。

早期的海大集团，在薛华的严格引领下，坚持以技术创新为核心竞争力。他对自主研发的饲料产品要求极高，不仅在成分组成上追求独特，更在功效层面力求超越同行。他始终秉持“别人没有，我有；别人有，我远超”的技术创新理念，要求产品在市场上实现倍数级别甚至几何级别的领先。

在这种高要求下诞生的饲料产品，迅速在市场上获得了认可，尤其受到养殖户的欢迎。水产生长数据优、疾病发生率低、投资回报快且高，这些都是对海大集团技术创新成果的最好证明。

随着水产饲料技术创新的突破，海大集团的业务迅速在南方市场扩张。然而，薛华放眼更大的市场潜力和机会，决定将研发创新的步伐加快。海大集团一方面继续深化水产饲料的研发，满足各种细分需求；另一方面，也开始进军畜禽饲料市场，拓展产品线。

在完成水产和畜禽饲料市场的拓展和稳步发展后，技术研究中心在种苗和动物保育关键技术上取得了突破。这些技术成果带动海大集团向畜牧和水产养殖的产业链上下游继续拓展和深耕。海大集团不仅拓展了动物种苗的上游业务，还拓展了动物保育的下游业务。值得一提的是，海大集团还成功拓展了健康食品这一直接面向 C 端（消费者端）的业务，进一步拓展了产品线和服务范围。

对研发的重视也体现在费用投入上，2021 年海大集团研发费用投入达 6.53 亿元，与 2009 年刚上市时的 2434.42 万元相比增加近 26 倍，2017—2021 年，其投入研发费用累计仅 21.11 亿元，2022 年前三季度研发费用就有 5.12 亿元，同比增长 23.34%，近六年研发费用累计超 26 亿元，投入金额稳居同业首位。在自由的技术研发氛围中，海大集团持续涌现出行业领域的先进技术解决方案和新型产品配料配方，不断拓展企业业务的边界。这使海大集团的业务链条不断向纵深延伸，形成了一条涵盖多个环节的完整产业链。

薛华意识到，技术创新需要制度化、体系化的支持。在研发体系化建设方面，海大集团已经形成了三级研发体系，聚焦七大研发方向，涵盖水产、畜禽、种苗、保育、食品等多个领域和细分技术方向。

具体而言，在重点强化产业链上各业务模块的技术平台建设方面，形成了从平台技术研究到应用技术开发，再到系统解决方案应用的三级研发体系。其中，一级研发体系主要面向未来发展，致力于解决潜在问题并储备持续发展的创新力量；二级研发体系紧跟市场需求，以降低产品成本为导向；三级研发体系则直接面向终端养殖户，旨在提高养殖户的效益并为其创造价值。通过这三级研发体系的有效衔接以及“研究院 + 分、子公司”的运营机制，海大集团有效促进了科技成果的转化和应用示范。

同时，为了完善三级研发体系，海大集团针对“动物遗传与育种、动物营养与饲料、动物医学与生物制药、微生物工程、生物化工、蛋白质工程、健康养殖”七大研发方向深入开展研究工作。这一体系化的技术创新驱动战略为集团全产业链的快速发展提供了有力的支撑、带动与服务。

值得一提的是，海大集团的技术创新驱动战略已经从早期的单点突围发展到如今的体系化运作和系统平台支撑。整个创新研发体系根据自己的定位和使命，智能化、自动化地进行相关产品和技术领域的研发攻关，并完成技术成果的市场转化。这一体系化、平台化的技术创新驱动战略正在健康稳步地推进。

从创业初期的技术创新定位，到一次次攻坚克难实现市场引爆增长的商业传奇，再到建立起持续创新驱动的机制体制和系统平台，海大集团的成功得益于其技术驱动的公司战略定位、创始人的亲力亲为以及一套持续革新进化的技术创新机制。这些因素共同造就了海大集团如今在饲料领域的龙头企业地位，并使其高居“2023 年广东省民营企业 100 强”榜单第十三位，在广州市民营企业中排名第一。

## 第四节　总结：技术创新引爆增长有公式

技术创新作为企业引爆增长的重要支点，在企业发展的不同阶段发挥着关键作用，持续支撑企业实现业务的持久健康发展。为了找到这个支点并充分利用其引爆增长的作用，找到创新驱动企业可持续健康发展的道路，以下三点尤为重要。

### 一、定好战略，选对道路

技术创新手段作为企业差异化竞争手段，在整个企业经营过程中发挥作用，本质上说，这是一个战略选择问题。这种战略选择，或许源于一个技术出身的创始人的重视，但多数情况下是由市场竞争决定的，或者是一种普遍的企业经营战略的选择，在竞争日益激烈的商业市场环境中，技术创新策略已经成为几乎一切企业立足的根基，不可或缺。

在过去中国经济因体制机制红利和增量市场而蓬勃发展的时期，技术创新战略的应用尚未普及。而随着中国经济进入存量经济时代，各种制度红利已经结束，引爆增长靠的是真正的硬实力，这时技术创新作为更多企业的发展战略选择就成为一种必然。

除了宏观层面，将技术创新作为战略级策略，应用到企业发展壮大的过程，在微观层面，聚焦和专注于一个具体的技术领域，实现一个技术难点的突破，从而在一个核心“卡脖子”点上，实现技术创新突破，拥有绝对的领先甚至垄断地位，或许也是一种生存策略的选择，也是未来一段时间内更多企业战略选择的通用做法。

这一方面是技术创新从一个点起源，形成一个支点，再去支撑一个产品、一项业务、一条价值链的天然属性决定的，更是未来市场竞争更多领域存量经济竞争模型的根本要求，在垂直细分领域，找到核心的技术创新支撑点，做到“专精特新”[①] 的创业才是未来的主流创业形态。

国家经济发展整体态势也是如此，在基础的供应链和制造业基础领域，已经拥有了举世瞩目的成绩，并且在世界上遥遥领先。但在一些关键技术领域或一些关键的技术难点层面，依然有各种类型的局限，无法实现真正的突破，这

① “专精特新”：指企业具备专业化、精细化、特色化、新颖化的特征。

些难点往往影响全局，事关整个行业甚至产业链的价值创造机构，所以技术创新发挥的空间也需要更大。

在国家宏观政策层面，鼓励企业做到“专精特新”，在关键核心技术上打破技术垄断，或者聚焦于解决“卡脖子”难题，实现国产技术的替代，已经成为一种宏观层面的大势，顺势而为的企业发展战略选择，也自然有所应对。

## 二、技术创新，持续迭代

技术创新的支点作用，能够实现一个点上的突破，完成引爆增长的结果，然而，要将这种技术创新的价值持续发挥出来，还需要不断迭代技术创新的体系，从一个单点的技术突破，到一个体制机制保证技术创新的环境，再升级进化到一个系统平台，去支撑持续稳定的技术创新土壤，技术创新的道路始终处在一个进化升级的过程，没有严格意义上创新的终点。

技术创新能实现迭代，在于其单点突破的先天属性。如同特种兵单点撬动整个战局，技术创新同样具备这样的潜力，但需要一个支撑体系，使单点突破逐步扩展，持续培养更多特种兵，乃至形成特种部队来持续支援，实现从突破到攻城略地，最终达成连续性升级迭代。

从另一个层面说，技术创新对于企业也是一个长期投入的永续生意，一旦选择技术创新，就意味着在创新引领道路上持续向前、不再停歇，因为停下来意味着落后，意味着竞争优势的失去。而当下市场竞争激烈，一项技术的绝对领先往往是短暂的，只有拥有体系化技术创新的支撑系统，让技术创新拥有涌现爆发的平台化土壤，让技术创新保持持续性的供给和高效的产出，才可能实现商业价值变现以及商业成果的落地转化。

1.0 单点创新、2.0 制度化创新、3.0 体系化创新，是技术创新战略必然经历的三个阶段，也是取得技术创新优势和企业技术驱动战略成功的基础保障，而在从“1”到“N”的进化路上也是不会中途停歇的，会成为伴随企业全生命周期的客观存在。

## 三、技术创新 = 支点 + 杠杆 + 体系

我们可以将技术创新驱动增长的成功公式概括为：技术创新 = 支点 + 杠杆 + 体系。

首先，实现技术难点的突破，形成差异化竞争优势，这是技术创新的支点

效应。其次，将技术支点转化为商业产品，实现商业价值，这是撬动增长的杠杆。最后，构建体系化的技术创新支撑，确保持续的技术引领和稳定发展，这是企业取得长期胜利的关键。

海大集团的发展就是这一公式的典范。通过技术创新引领，实现了从技术领先到市场领先的闭环，再将技术创新体制化、机制化，推动企业业务的横向和纵深拓展。研究院和三级研发体系的建立，为持续的技术创新驱动提供了强大动力。

在技术日新月异、时代变革不断加速的今天，企业需要构建更多支点和杠杆，以形成一个由技术引领的多元化体系。这不仅是塑造企业核心竞争力的关键所在，也是推动企业持久创新和稳定发展的坚实保障。技术创新已经不再是企业的可选项，而是突围发展、赢得市场竞争的必备技能。

# 第二章

# 模式创新：发现新商机，驶入新蓝海

先来看看技术创新与模式创新的特点及其之间的关系。

在商业创新领域中，技术创新和模式创新宛如两条不同路径，它们虽然都源自商业创新的主体，但起点和发展方向截然不同。技术创新是从企业内部出发，逐渐向外延伸；模式创新则是从外部市场开始，逐渐向内聚焦。这两者相互补充，共同构成商业创新的完整体系。

技术创新通常始于企业内部的一个技术突破，随后通过企业的产品和业务应用得到发展，并最终交由市场和客户来检验商业价值。这是一个从内到外的过程，旨在将技术优势转化为市场竞争力并取得商业成功。

相比之下，模式创新则更多关注外部市场和客户的需求。它始于对市场趋势的洞察，随后通过商业模式的系统创新来响应这些需求，并最终将创新体现在具体的产品和服务上。这是一个从外到内的过程，旨在通过重新定义商业模式来满足市场需求并实现增长。

尽管技术创新和模式创新的路径不同，但它们都紧紧围绕客户价值这一中心点展开。无论是通过技术创新来提升产品性能，还是通过模式创新来优化客户体验，都是为了实现客户价值的最大化。在这个创新之“圆”中，技术创新和模式创新相互交织、相辅相成，共同推动商业创新的不断发展和进步。

再来具体了解下模式创新的应用条件。

模式创新的特点要求其应谋定而后动。它强调在深入了解商业运行规律和系统的基础上，发掘新的商业模式和机会。发现模式创新的机会需要一种四两拨千斤的巧劲，而将模式创新成功落地实现则更需要胆识和行动。以下是三个典型商业场景，分别体现了模式创新在不同环境和动机下的应用与影响：

第一，技术革新的引领。技术变革是商业创新的核心驱动力之一。当新技术出现时，它往往能够颠覆现有的商业模式和生产关系，甚至重塑社会关系。乔布斯的苹果公司将iPhone智能手机带给世人，引领了全球范围新的商业变革浪潮。在商业模式层面，诞生了苹果公司的软硬一体的智能手机生态模式。在生产关系方面，直接引发了移动互联网一个产业的崛起与兴盛，诞生了诸多创新企业，围绕人的吃穿住行提供全方位的商业创新服务，并且个个都是独角兽企业，国内的如腾讯、阿里巴巴、美团、贝壳、滴滴，欧美的如亚马逊、Airbnb（爱彼迎）、TikTok（抖音国际版）等。在社会关系层面，智能手机的普及更是引发了所谓“手机病”，令手机成为人类不可取代的身体“硅基器官”之一，社交关系的固有互动模式也被彻底改变。

第二，存量市场的差异化竞争。在成熟的产业或行业中，当增量市场逐渐饱和而竞争日趋激烈时，模式创新成为企业突围的重要手段。以服装行业为例，传统的发展模式往往面临价格战和库存压力的困扰。然而，通过模式创新，一些品牌成功实现了差异化竞争。以Zara（飒拉，西班牙服装品牌）、H&M（瑞典服装品牌）、优衣库为代表的服装“快时尚”品牌崛起，通过对设计、生产、供应链、零售业态的重新优化升级，在整个行业中脱颖而出，成为引领行业模式创新的一股新力量。而在国内，包括量品定制在内的服装品牌，更加彻底地颠覆了传统服装产业的业务流程逻辑，一改先生产再销售的传统流程，采取C2M①（从消费者到生产者）定制服装生产模式，用饱含技术创新的模式创新系统，在激烈的行业竞争中脱颖而出，实现引爆增长，站上企业发展的更高台阶。

第三，以小博大的杠杆效应。模式创新往往能够以较小的投入撬动较大的市场。在互联网经济中，共享经济就是一个典型例子。创业者通过整合存量资源，以创新模式满足市场需求，实现快速增长。例如，胡玮炜凭借共享单车的创新模式，解决了城市交通出行的“最后一公里”问题，迅速将摩拜单车发展成为独角兽企业。而Airbnb则通过盘活闲置居住资源，以低成本的方式实现了商业价值的增值。这些案例都充分展示了模式创新在以小博大方面的巨大潜力。

尚品宅配面对成熟的成品家具行业，通过上门定制、后端智能化生产供给和配套落地服务网络的系统化创新，成功开创了定制家居行业的新模式。这种

---

① C2M：从消费者到生产者，这是平台与厂商合作组织产销的一种模式。

从零起步的创新，不仅打破了固有业态的竞争格局，还为消费者提供了更加个性化和便捷的服务体验。

综上所述，模式创新在商业创新的道路上扮演着至关重要的角色。无论是在技术革新引领下的重塑产业生态，还是在存量市场中寻求差异化竞争的优势，抑或是在以小博大过程中实现快速增长，模式创新都展现出其强大的变革力量和商业价值。

接下来，我们将通过几个生动的商业创新案例，深入剖析这些企业品牌是如何巧妙地将模式创新发挥到极致，从而开辟出属于自己的崭新天地的。

## 第一节 唯品会：创新"闪购"模式，引领电商新潮流

进入21世纪，随着互联网技术的不断进步和应用普及，构建在互联网虚拟数字世界基础上的新商业模式也在不断创新爆发，电子商务便是其中表现最突出的。

在大洋彼岸的美国，诞生了亚马逊这样的电子商务巨头；而在中国，当当、淘宝、天猫、京东商城也迅速跟进，实现了中国电子商务行业的爆发式增长，瞬间将中国互联网应用市场开发带到一个前所未有的高度。

在短暂的时间内，"一切行业皆可电子商务"成为2010年整个中国社会商业创新热潮中最流行的一句口头禅，而社会上也诞生了各种类型的电子商务平台。但是，更多的电子商务创业项目，要么简单模仿淘宝、天猫、京东的商业模式，张口闭口是平台，满口的B2C（企业对消费者的电子商务模式）、C2C（个人与个人的电子商务模式），意图用简单复制的方式在创业大潮中分一杯羹。

而此时，已经在广州做服装外贸等生意多年的沈亚，也敏感地看到了互联网信息技术对于商贸和零售行业改变的机会，果断地选择进入这次商业革新的历史性事件，创立唯品会电子商务公司，开始顺势主动作为。多年商海打拼的经验让沈亚清晰地认知，简单地复制淘宝、京东的电子商务模式是没有多大前途的，差异化的创新之路是必然选择。

## 一、名牌折扣+限时抢购+正品保险

标准品的图书、服装、电器等大众类产品完成了初步的线上电商化后，更多的其他细分品类产品接下来也必然迎来大发展。于是，沈亚将电商创业聚焦于奢侈品的折扣销售，他采用“闪购”模式限时折扣销售奢侈品，力图用电子商务新方式打破奢侈品的固有线下零售网络，通过数字世界的无限可能性来实现差异化创业突围。

经历实战之后，沈亚迅速得到了反馈，奢侈品网购在中国用户群体小，并不是最佳的网络打折商品，在当下节点，硬推有些困难，且有些不合时宜。于是，沈亚和他的团队当机立断，将商品门槛进一步降低，从销售奢侈品变为销售国内二、三线品牌服装，订单数量便开始上升，唯品会此后将市场定位为国内二、三线品牌产品，很多用户也来自二、三线城市。

短期的订单数量增多并不能简单证明自己的创业是有生命力的，也许是时代的红利所赐，拥有天然商业嗅觉和敏感性的温州人沈亚十分明白这点，构建属于自己的“护城河”以及独特的创新商业模式，显得十分有必要。

沈亚和他的长江商学院同学，以及沈亚身边的一群企业家朋友，不知道经历了多少次线上推演和落地实践，充分利用营销管理课堂上所学知识，以及躬身市场一线实践的经历，才开启了寻找唯品会“护城河”之旅，或者说，这是一场寻找唯品会自我定位之旅。这需要对宏观环境进行分析，包括对政治（political）环境、经济（economic）环境、社会（social）环境、技术（technological）环境的分析，可称为PEST分析法。

第一，政策环境的宽松对互联网行业的发展乐见其成。

第二，经济环境，特别是市场环境方面，2009—2013年，时尚类商品（特别是服装、鞋帽）成为国内网购最大品类，加之淘宝“双十一”活动早在前几年就火热，引发了诸多中小服装商家发力囤货，又无法被全部消化。

第三，社会环境，在零售市场端，高达数万亿元规模的服装库存无法倾销，大型服装品牌商每年约有20%的销售是清理尾货，连李宁、美特斯邦威等大的服装品牌也有巨大的库存烦恼。另外，2008年金融危机导致外贸环境变化等因素，也进一步预示着网购最大品类产品的清尾货市场的巨大商机。

第四，技术环境的给力回答，是借助互联网电商技术，将这些库存积压的好产品，用服装的“闪购”模式，实现好产品的错位销售，将一、二线流行产品，分销到二、三线城市，让更多用户享受到好产品，而好服务成为一种水到渠成的选择。

唯品会的服装“闪购”模式恰逢其时，唯品会所在地广州处于国内服装贸易最繁荣区域，服装品牌商正为倾销库存而发愁，唯品会正需将大量品牌商品销往二、三、四线城市。而且过季货源和尾货利润惊人，即使打5—7折也依然有利可图，再加上佣金，唯品会仿佛找到了一座金山。

有了对市场环境的良好预判，唯品会以怎样的方式切入市场来做尾货线上零售，仍是其最大的困扰。唯品会给出了完美的答案：“名牌折扣＋限时抢购＋正品保险”，即名牌“闪购”模式。

用“STP”①（市场细分、目标市场选择、市场定位）的市场定位工具来复盘唯品会的选择，才能真正理解其成功之道。

一是市场细分，当时的市场环境，通用品类的大平台如淘宝、天猫、京东，以及单一细分品类的当当、京东电器，已经基本成势，具备成为单一细分市场冠军的势头，再去跟随复制则意义不大。

二是目标市场选择。相较于这些平台的新品、普通品，品牌产品的折扣销售方式在互联网电子商务发展的早期恰如其分地解决了线上购物好和便宜的双重消费心理选择问题，这对于一线城市追求品牌加实惠的购物体验，以及二、三线城市追逐名牌产品而不贵的目标消费人群，拥有极大的吸引力。

三是市场定位。在品牌端，唯品会商业模式的诉求之一是让品牌商更优雅地处理库存，并尽可能减少曝光度。限量、限时（每天10点上新开抢）特卖的方式，有效地将消费者的购买意愿集中在线上平台，并在短时间内爆发性释放，同时，这种销售模式并未影响品牌的身份地位。

另外，采取直营代销模式，一次性大规模“买断”，实现单次“闪购”基本清仓销售模式，一站式帮助商家售光尾货，就不用再找第二家继续散货，不会让品牌在消费者心中留下“到处甩卖”的印象，也不会给第二家留下做同类生意的任何机会，保证了唯品会和品牌商家合作的稳定性，“护城河”也得以筑牢。

一个供货商坦言，唯品会洽谈合作抛出三大理由，让人无法不动心：其一，货物吞吐能力强，能够快速大批量处理尾货和过季货品；其二，限时限量特卖，

---

① STP：S，Segmentation，市场细分；T，Targeting，目标市场选择；P，Positioning，市场定位。

不会冲击原来品牌商的线下价格体系；其三，账期短，唯品会的账期为 1 个月，其他电商的账期平均为 3 个月。

## 二、一家专门做特卖的网站

有了新的模式创新加持，唯品会在激烈的电子商务创业大潮中异军突起，真正引爆增长。一方面，是平台订单量，GMV（商品交易总额）节节提升；另一方面，开创的品牌特卖模式，也成为电子商务业务模式的一个独立品类，成为更多后来创业者乃至更大的综合性互联网电商平台竞相效仿的对象。

2009 年，唯品会的订单开始增至 7.1 万单。2010 年，更剧增至 92.7 万单。2010 年 12 月，唯品会获得红杉和 DCM（知名风险投资公司，总部位于美国加利福尼亚州帕罗奥图）的联合风险投资，融资金额约 2000 万美元。2011 年 5 月，唯品会再次获得红杉和 DCM 的联合风险投资 5000 万美元。

2012 年 2 月 18 日，唯品会向美国 SEC（美国证券交易委员会，负责监管和监督美国证券市场的运作）提交上市申请，3 月 23 日登陆纽约证券交易所，发行价为 6.5 美元，融资约 7150 万美元。

2013 年，电商巨头企业都开始了特卖模式的集中发力，天猫在自己“品牌特卖”功能模块的基础上推出了全新的升级业务“品牌特卖平台”；1 号商城将“名品特卖”频道改为独立品牌“1 号闪购”；当当网上线“尾品汇”平台，京东则同期推出“京东闪团”和“京东闪购”两个独立品牌。

而此时的唯品会，面对电商巨头的效仿，也选择了扩充品牌数和品类，以服饰为主，将品类扩张到箱包、鞋类、美妆、饰品、家居、母婴、旅行等领域，并完成对化妆品垂直电商平台乐蜂网的收购，打下了品类扩展的坚实基础。

沈亚和他的创业团队从随大流做服装外贸生意的普通商人，做到电子商务创业潮选择奢侈品折扣交易的唯品会，再到定位“一家专门做特卖的网站”的模式创新，在电子商务这个新鲜事物到来之时，他们勇敢地选择了拥抱技术革新，借电子商务新兴技术走一条创新道路。

而在战术层面，唯品会也没有选择简单跟随大平台的通用做法，而是做足了就事论事的细节功夫，从细分市场选择服装尾货这个小的切入口，用品牌限量、限时特卖的方式，开创了独特的特卖电商新模式，不仅为自己赢得了电子商务创业大潮的一席之地，也开创了一个特色商业模式品类。

后续即便有商品品类的扩张，商品类型也不限于名牌特卖的尾货，也包含大量新品特品，但是奠定唯品会引爆增长核心节点的，是早期“名牌折扣+限时抢购+正品保险”特卖模式的创新，因为“一家专门做特卖的网站”的形象已经深深地被消费者接受，并且成为他们特色电商购物的主战场。

## 第二节　希音：颠覆传统“快时尚”模式

同样在电子商务创业潮中崛起的，还有广州希音供应链管理有限公司（简称“希音”）。希音是一个主打快时尚和性价比的跨境电商品牌，业务类似 Zara（西班牙服装品牌）、H&M（瑞典服装品牌）、优衣库，目前在全球拥有近 1 万名员工，产品销往 150 多个国家和地区，凭着衣服品类众多且大打价格战，在海外广受欢迎。

希音一路高歌猛进，也是走着一条独有的模式创新之路，在传统服装行业快时尚的基础上，叠加了移动互联网和外贸市场的双重属性，依靠“高效供应链系统+KOL（关键意见领袖）带货组合+互联网去中间商”的打法，短时间内坐拥千亿美元估值，成就全球新锐互联网电商品牌，也是最大的服装电商平台。

据胡润研究院发布的《2022 年中全球独角兽榜》，希音以 4000 亿元人民币位列全球第 5 大独角兽企业；根据《福布斯》发布的 2022 中国内地富豪榜，希音集团创始人许仰天以 100 亿美元财富排在榜单第 25 位，超越美团创办人王兴及京东创办人刘强东。

### 一、“小单快反”在广州开花结果

2008 年，许仰天结束了外贸企业线上营销工作的打工生涯，与合伙人创业，开始转向跨境电商领域，主攻婚纱业务，并于 2010 年收购了“SHEINside. com”的域名，建起独立站（希音的前身），专注于海外时尚单品市场。

2011 年，受网红经济影响，希音建立了 KOL 推荐的营销模式，在 Facebook（脸谱网）、Twitter（推特）等社交平台进行推广，与凯蒂·佩里、海莉·比伯、雅拉·莎希迪等多位明星及社交媒体红人有过合作，成功收获了国外网红经济的第一波红利。

2012 年初，许仰天把目光放到更广泛的女装品类，创立全系列服饰平台希音。2014 年，网站的订单金额接近 5000 万元，希音总部也从南京迁到广州，凭借与广州制衣产业链的完美匹配，希音业绩开始突飞猛进。

来到广州这个世界服装产业的中心，借助互联网信息技术，希音将广州中大布匹市场周边，以及广州周边的服装产业链小作坊、制衣厂、供应链等，用制造业信息化系统高效串联起来。

单从模式上看，希音是将中国移动互联网所擅长的路数用在了移动互联网生态相对滞后的海外市场，甚至在一定程度上扮演着用中国移动互联网的“落后产能”去“降维”输出的角色。

而在前端，继续通过营销广告的高密度投放，在海外市场保持希音平台的流量，从而用前端源源不断的销售订单驱动后端的供应链作坊企业加入全球化“小单快反”的制衣行业新模式。

在供应链管理上，希音一直强调自己“小单快反”[①] 的模式，Zara 创造了从设计、打样到上架最快 14 天的纪录，希音依托广州的大量服装工厂乃至作坊，将这一周期缩短到了 7 天。在此模式下，希音一年的上新量可达 15 万款，平均每月上新 1 万余款，一两个月内即可赶上 Zara 的全年上新量。

2017—2020 年，希音营业收入复合增长率约 180%。2020 年，疫情因素促使线上销售爆发，希音增速高达 300%，实现收入约 100 亿美元。2021 年，希音营业收入进一步提升至千亿元人民币规模。2022 年，希音更是实现营业收入 227 亿美元，同比增长 52.8%。

## 二、另辟蹊径的希音全球电商平台

借助互联网技术，希音用电商的方式实现了对固有传统服装行业制造能力、供应链能力、营销能力，以及互联网技术加持的全球物流体系的全面化和系统化的升级，针对海外广大的大众消费市场和中国服装市场的强大供给能力，用一个数字化平台实现供需双方的完美对接。

希音的时尚追踪系统，可以将线上服装零售网站的大量产品抓取下来，总结当前流行产品的颜色、价格变化和图案元素。同时，希音还与谷歌实现了深度合作，借助其 Google Trends Finder（爆款发现器）得到不同国家的搜索热词

① 小单快反：小批量、快速反应（Small Order，Quick Response），简称“小单快反”。

与流行趋势。希音的设计师会根据从这些渠道收集到的线索，再组合元素进而设计新衣服。

但这依靠的是大规模相对密集的中小型工厂，放眼全球，唯有珠江三角洲地区的工厂分布情况能够满足希音的模式诉求。希音合作的工厂多为中小型工厂，"小单快反"的模式能够让每一款商品起始只生产约100件，随后投放到市场进行测试，根据产品的销量调整设计，直至打磨为爆款[①]。

与此同时，希音更加重视与当地的KOL、KOC（关键意见消费者）合作，利用这些网红的影响力，迅速传播自己的产品，现在希音已经在Instagram（照片墙）、Facebook和TikTok等平台铺开社交媒体营销，形成了较为成熟的营销体系。

前端市场通过大数据获取多种设计方案，后端依托珠江三角洲供应链体系"小单快反"在全球市场快速测试，最后利用海外社交媒体平台进行营销获客，最终将确定、真实的订单汇总到整个系统的中台，这个系统中台依托订单营销、任务分配、流程管理、财务结算的数字化过程，智能化地完成信息流、物流、资金流在各大流转平台的自由流转，这就是希音这个国际化电商平台的核心业务模式。

销售业绩提升以及市场影响的日益强大，得益于固有生产要素资源的灵活利用以及在新商业模式下的高效运作。互联网去中心化作为希音商业模式的重要组成部分，在新冠疫情的影响下，其结构瞬间崩溃。但是，由于包括Zara在内的多家国际知名快时尚品牌的线下门店遭受剧烈打击，反而直接放大了希音的竞争优势，因为一直依赖于独立站、亚马逊等线上渠道，希音实现了逆势增长。2020年，Zara营业收入下跌27.9%，H&M营业收入下跌18%，希音则实现了253.4%的营业收入增长，一时风头无两。

发展壮大起来的希音海外服装电商模式被印证是可行且成功的，各大电商巨头也开始模仿和复制"希音模式"。拼多多正式上线跨境电商独立站Temu并加入跨境大军，"1美分选1""新用户首单优惠30%"等超值优惠拉新活动如约而至。

除了拼多多，京东的JOYBUY平台也在2022年重新开始运作，宣布更名为"京东全球贸"，不过，定位从原来的B2C平台改为跨境B2B（企业与企业的电子商务模式）服务平台。

① 爆款：在商品销售中，供不应求，销售量很高的商品，即通常所说的卖的很多、人气很高的商品。

阿里巴巴花了10亿美元控股东南亚电商平台Lazada（来赞达）之后，又面向北美和欧洲少数国家，推出了快时尚独立站AllyLikes（阿里巴巴海外购物App），其核心市场与商业模式与希音几乎一致。

在国内女装领域，有着深厚根基的唯品会也推出了跨境女装品牌NOWRAIN。截至2023年，NOWRAIN借助TikTok已稳居平台服饰行业女装类三甲，并成为TikTok Shop女装的头部品牌，如今更是搭建了自己的独立站，直接通过TikTok Shop向其独立站引流。

作为新模式的开创者，希音也正在不断拓展自身的商品品类，对外使用IPO融资上市等方式，继续巩固自身在服装海外电商领域的领先优势。

## 三、伴随技术变革而生的模式创新

技术变革往往是新范式革命的直接诱发因素和促成因素，因此，每一次技术进步都意味着商业创新的机会，蒸汽机时代、电气化时代、信息化时代、互联网时代的到来，无不遵循其发展的必然规律。

互联网电商技术的普及，让商业贸易的各个领域都迎来新的商机，而跨越一般意义上的复制抄袭，根据固有商业要素的特点，诸如唯品会洞察到的服装品牌大量尾货的消化问题，以及希音洞察到的海外市场的大众服装消费升级问题等，都可以借助新技术手段解决，而深耕其中的中小民营企业也迎来一次实现引爆增长的历史机遇期。

希音用数字化平台，在珠江三角洲服装供应链体系之上，重新架构起一个联通海外市场的数字化供需新平台，这些都是在传统商务模式以及基础要素之上的重新再组织，借助一种模式创新，重新构建要素间的业务关系，从而创造出不同的商业创新模式。新技术应用和价值成功两大增长手段并发，往往能够见微知著、以小博大，让模式创新杠杆价值尽显。

# 第三节　尚品宅配：开启 C2B 模式，撬动家居行业变革

如今市面上遍布各类标榜“定制家居”服务的家居服务企业。过去，家居消费模式多是硬装完毕后，消费者前往家具市场挑选几款柜子、桌子等单品即告完成。而今，这种消费体验已被全屋定制衣柜与橱柜的服务理念革新，并进一步发展为全面覆盖的全屋定制和整装消费模式。

掀起家居行业从成品家具 B2C 模式到定制家居 C2B（消费者到企业）模式创新升级的，就是广州本土的定制家居企业。尚品宅配这一品牌的发展历程，起源于其创始人李连柱与数位华南理工大学教授、校友携手创立的圆方软件公司。该公司在创新模式的驱动下经历了迅猛的增长阶段，并不断演变升级，最终成就了如今的尚品宅配。

## 一、大学教授下海创业受挫

1994 年，毕业于华南理工大学并且留校任教的李连柱，作为信息化学界的先行者，敏锐地发现了信息化为产业带来的升级机会，在那个互联网还未真正普及应用的年代，就开启了探索产业信息化的创新征程。

他认识到，最快捷的方式是利用自己对产业信息化的理解，特别是家居行业设计驱动的产业未来业态，提供系统化的软件解决方案，于是，他成立了圆方软件公司，针对家具、橱衣柜、卫浴、瓷砖等大家居行业，提供设计、生产、管理、销售软件一体化解决方案。

但是，当时处在家居行业的红利期，中国城市化进程加快，成品家具行业的企业主对信息化升级没有太多兴趣。眼看软件销售并不如意，圆方软件采取了更加积极也可以说无奈的应对策略，最早在广州开设橱柜定制门店，表面上是提供家居设计方案，实际上是为自己的软件产品做市场推广。

这一从后端走向前端的意外之举，让李连柱发现了消费者对设计方案的热情，店面生意红火，2004 年就实现了月均 50 万元的销售额，远远超出他自己的想象。于是，圆方软件面临一条自我升级变革的道路，从软件提供商转变为家具生产商，从软件服务进入家具制造领域，这是确定的路线。

然而，在具体选择差异化细分赛道的过程中，又面临两条完全不同的道路：

第一，像传统家具公司那样，做成品家具的大规模生产；第二，完全按照消费者要求，做定制家居生意。前者意味着要和传统的家具大厂，以及自己软件曾经的客户直接竞争，后者则需要全面搭建定制家居的服务流程和商业模式。李连柱及其创业团队依然坚定地选择了定制家居这一新兴家居消费品类的模式创新路径，并以此开启了尚品宅配在中国定制家居行业中引领潮流的起步发展阶段。

## 二、定制家居开 C2B 模式先河

2012 年 2 月，中文版的《哈佛商业评论》发表了阿里巴巴总参谋长曾鸣教授的一篇轰动性文章《C2B：互联网时代的新商业模式》，文章指出，互联网时代的新商业模式一定是 C2B，而 C2B 的特征是个性化营销、新渠道、柔性化生产和社会化协作的供应链。

文章更是将尚品宅配的商业实践，作为 C2B 最佳案例加以推崇，将其视为中国 C2B 模式函件的基础代表。

尚品宅配的定制家居 C2B 商业模式，核心价值在于成功地将个性化定制与柔性规模化生产进行和谐统一。通过这一模式，有效地消除了传统家具行业普遍存在的库存问题，真正实现了以消费者需求为导向的按需定制服务，并创新性地构建了“先下单后生产”的逆向业务流程，彻底颠覆了以往先生产后销售的行业常态。

要达到个性化定制，尚品宅配借助圆方软件的前期市场铺垫和普及，培养了大批软件使用者，也就是能够真正服务消费者的设计师，免费上门量体，输出设计方案。即便是一个简单的床头柜，就算几百元一单也照常上门不误，如此操作在行业内积累了大量一手终端消费者数据，包括房屋户型数据、设计方案数据、用户场景数据等。

而后端的柔性化、规模化生产，则是通过升级传统的家具生产线来完成的，在购入德国先进设备后，尚品宅配的软件技术人员硬是通过开放接口，将自己家的生产管理，以及订单分拆、分发、管理应用，植入到先进的制造设备，实现设备的数字化升级，为柔性化生产奠定了坚实的系统基础。

从 2004 年到 2007 年初，尚品宅配经历了 3 年全业务流程的信息化改造升级，最终支撑起个性化柔性定制的商业模式的雏形，并逐步成型和成熟，成为定制家居 C2B 商业模式最中坚的内核系统。

## 三、定制家居行业的“尚品模式”

有了 C2B 内核的支撑，尚品宅配就开启了引爆增长的发展跨越期，几个核心的模式配套动作，彻底奠定了中国定制家居 C2B 商业模式创新的“尚品模式”。

前端营销入口体系之所以说是体系，因为包含了如下多个层面的业务模块：

第一，线下设计服务入口，主要体现在面向消费者 C 端的免费上门量体设计服务入口，进而形成与消费者间的深度互动，发现和洞察客户需求，掌控 C2B 模式的起点和源头。

通过在实体店内向消费者展示定制家具或整体装修方案、与消费者进行关于个性化家具和整体装修方案的互动设计、安排设计师进行上门量尺服务、反复沟通和修改方案、上门量尺确认、配送和上门施工、安装等工序，实现消费者对定制家具和整体装修的个性化设计、家具尺寸与户型贴切、家居风格统一等多方面的需求。

第二，线上内容营销入口，借助线上新媒体的发展红利，从微信公众号到抖音直播的线上内容营销 IP① 打造，形成低成本的线上内容营销服务体系，支撑高效的获客。

在电商渠道运营方面，尚品宅配在新居网运营的网络商城，通过与腾讯、阿里巴巴、京东、百度、今日头条、抖音、快手等互联网企业的流量合作，凭借公司在短视频赛道上的超前布局，打造了新居网 MCN②，与内容创作者合作，并在发布内容的网络平台上执行业务和营销功能，孵化和签约 IP 家居类达人，打通从视频和直播圈粉，到粉丝互动评论，再到私域粉丝运营、线下变现的全链路。

在内容运营方面，尚品宅配一方面持续深耕家居内容，致力于构建内容电商生态，为用户提供有价值的家居内容。公司发布原创文章 2000 余篇，其中阅读量 10 万 + 的文章有 700 余篇，总阅读量超过 7000 万，新增粉丝 700 多万；

---

① IP：知识产权，是指人类的智力创造成果，如专利、商标、版权和商业秘密等，是指在娱乐、文化或商业领域中，具有巨大市场价值、影响力和商业潜力的知识产权，它代表一个品牌、作品或形象在市场上的成功和认可程度。

② MCN：多频道网络，它不隶属于平台所有者，也不直接隶属于渠道本身，现多代指一种类似经纪公司的商业服务机构体。

发布优质视频内容300余条，总播放量超5亿，是用户寻找高价值家居内容的重要选择。通过上述举措，公司构建了内容电商生态环境，为打造“短视频+私域生态”打下了良好基础。另一方面，尚品宅配通过新居网MCN打造内容电商开放平台，优化家居领域直播带货模式。公司MCN业务的经营模式通过自行孵化IP家居类达人和签约外部达人的方式，为公司自有定制家具产品、配套家居产品和整装业务以及其他合作方的产品或服务进行引流获客和销售推广。

第三，实体连锁加O2O[①]营销服务入口，建立以新居网线上电商营销渠道获客，以及线下遍及核心卖场的零售终端入口统一获客，线下实体门店支撑服务的O2O营销模式。

尚品宅配的订单终端主要来自线上官方网站和各地600多家门店，统一订单系统后，平台集中进行后端柔性化生产，再将服务订单需求分发到线下实体门店进行安装落地，完成整个营销服务的O2O闭环。

而支撑这一模式运作的，是柔性制造生产线和智能化的中台系统（软件），尚品宅配利用领先的柔性生产线、自主研发机器人和自动化立体仓智能物流，打造工业4.0智能制造工厂，将“人指挥机器干活”变成“机器指挥机器干活”。

通过使用自动化智能审单、拆单、排产、供应系统以及基于二维码的过程控制系统进行流程控制，并运用透明工厂MES（制造企业生产过程执行系统）系统、IoT（物联网）技术获取每台生产设备的状况，基于大数据和人工智能算法，实现生产资源与生产任务的动态匹配，最后通过电子开料锯、数控加工中心设备信息化改造技术实现最终生产。

## 四、创新重在新不在早

李连柱从大学教授到企业领导者，引领尚品宅配从软件服务商到定制家居服务商的不断转变升级，以至最后成功开创中国定制家居的“尚品模式”，一路走来，模式创新道路有各种不容易。

李连柱也坦言，在家具定制方面，尚品宅配不是最早的实践者，在满足消费者个性化需求上，尚品宅配更是一个新兵；在生产的柔性制造方面，尚品宅配也不是开创者，甚至在免费设计、上门服务以及电子商务方面，尚品宅配也

---

① O2O：线上到线下，是指将线下的商务机会与互联网相结合，让互联网成为线下交易的平台。

在沿袭很多企业的做法。

然而，抓住了 C2B 模式的系统内核，将这些业务模块凝聚在一个前端个性化定制、后端柔性化规模化生产的大系统之上，便成就了今天的“尚品模式”，模式创新的要点不再单纯是绝对意义上的领先，或者第一个尝试，而是系统性商业模式，是价值链、业务流程的关系重塑，是价值再造、客户服务模式和系统的升级。

定制家居行业的“尚品模式”以一种系统性的模式创新集团优势，完成了对传统家居商业模式的升级，这种系统性创新模式的能力是压倒性的，能够将成品家具时代升级到定制家居时代，真正引领行业的升级变革。

如今，尚品宅配相较于行业的龙头还有很大的规模差距，其后来者也在不断挑战尚品宅配的行业地位，核心的系统化模式创新优势又在催生尚品宅配自身商业模式的升级，从定制家居 1.0 到 2.0 到 3.0 的不断迭代，定制范围也从衣柜橱柜升级到全家柜类，到如今的整装服务体系的打造，不断在扩展商业创新的边界。

无论其最终发展轨迹如何，尚品宅配作为从软件服务商华丽转变为定制家居“尚品模式”创新先驱的成功典范，其凭借灵活高效的商业战略实现跨越式发展的故事，已经被载入经管学界的教科书，成为经典商战案例而被广泛传颂与学习。

## 第四节　领英科技：人情与智造，颠覆时尚世界

前面提到，尚品宅配将 C2B 定制模式带入家居行业，希音从销售端引发升级变革，提升和优化了整个服装产业的全球供应链体系，而本节的领英科技则在以上两种商业模式的基础上又一次进行了结合式创新，在服装行业实现 C2M 定制模式，颠覆和改变了服装行业先生产再销售的传统模式，把服装的现货模型改成期货模型，也就是预先知道消费者的需求，然后指导生产，用消费者的需求反向触发工厂生产。

广州领英科技有限公司（简称“领英科技”），成立于 2017 年，旗下拥有欧定、量品和觉衣三大高端男装定制品牌，是国内高端商务男装领军企业，采

用 C2M 的产业互联网模式，集“设计研发、产品制造、品牌营销、渠道零售”于一体，运用“人工智能＋大数据云计算”手段，为全球不同地区、不同身材的男性提供高价值的穿衣解决方案。

领英科技的创始人是虞黎达和朱家勇，他们深谙传统服装制造业的痛点。从服装行业成本构成来看，渠道成本约占 30%，门店部分、库存成本一般占 30%—40%，销售渠道员工成本占 15%—17%，毛利润约占 15%。不难看出，消费者在以产品成本价 10 倍的价格购买商品时，实际上是在承担流通环节所产生的各类成本。

在 C2M 模式下，门店、库存等流通领域的成本都可以省去，从而大幅降低产品价格，让消费者以更少钱购买高品质的奢侈品。同时，企业本身也能获得更大的利润空间，从产品设计、开发、技术等方面给予更多投入，优化消费者体验，由此形成一个良性循环。

## 一、量体定制与柔性创造

领英科技旗下的品牌量品，成功运用了 C2M 模式进行运营。具体来说，量品通过其专业的量体师提供上门服务，采集每个消费者的精确体型数据，并及时将这些数据传输至工厂端，从而实现个性化定制生产。定制化的产品会直接快递送达消费者手中。这一模式的成功，得益于领英科技在消费前端和制造后端的双重创新举措。在消费前端，量品的量体师不仅是服务人员，更是事业合作伙伴，他们提供人性化且个性化的量体服务，构建起一种以人为核心的零售入口和服务网络商业模式。而在制造后端，领英科技则采用了一人一版的柔性规模化制造系统，有力保障了 48 小时内的快速交货能力，这极大地提升了消费者的购物体验与满意度。

虞黎达指出，C2M 模式在渠道效率和柔性制造两方面实现了效率提升。传统的代理分销模式层层叠加成本，而 C2M 完全去掉了中间成本。同时，C2M 模式实现了个性化小规模生产，属于经济性好的柔性制造。这些创新实践使领英科技在服装行业中独树一帜。

尽管领英科技广告投放较少，但用户忠诚度极高。这主要归功于品牌量品通过量体师提供的深度定制服务和私域流量的有效经营。50% 的复购率及 82% 新用户的转介绍比例，有力证明了其商业模式的成功。

### 二、为传统品牌注入创新基因

除了 C2M 定制生产模式的成功，朱家勇还致力于为传统服装注入创新基因。他深度洞察了 3D 打印、人工智能、物联网等科技在衬衫生产中的运用，以及面料纱线技术、编制工艺等领域的创新成果。基于对消费者体感痛点的研究，他决定用新科技来解决并提升消费者的穿着体验，于是推出了“欧定”品牌。

“为了研究衬衫，我们累计回收了 10 多万件被不同消费者穿过的全球各种品牌旧衬衫。在我们佛山工厂里有一层楼专门放着各类消费者穿过的旧衬衫，从旧衬衫中就可以发现不同用户生活场景中出现各种各样的问题，我们衬衫研究院的核心工作就是以这些旧衬衫为标本，研究不同消费者不同工作生活环境穿衬衫的问题。”据朱家勇介绍，依托自有的皮肤触感研究院、人体数据研究院、AI（人工智能）算法研究院三大平台，领英科技开创出领先行业 10 年的“欧定”衬衫，实现“久穿久洗领不塌、弯手弓背不紧绷零束缚、百穿百洗不起皱、AI 尺寸合体显年轻”等目标。

凭借出色的运作，领英科技 2020 年底推出旗下商标品牌“欧定”，仅用 12 个月即实现了营业收入从 0 到 1 亿元的增长，用户量突破 50 万，线上 500 元以上衬衫品类销售第一。2023 年下半年，领英科技加快将“欧定”实体店陆续进驻一、二线城市核心商圈的步伐。

领英科技凭借其在服装行业的系列创新实践，成功构建了一种基于 C2M 模式的全新定制化生产商业模式。从衬衫这一基础品类起步，公司持续迭代升级商业模式，并在此过程中积累了丰富的客户数据与服务经验。如今，领英科技已将定制产品线拓展至西装、鞋帽等领域，实现了横向产品服务规模的重大突破。这一系列创新不仅驱动了领英科技自身的高速发展，也为整个服装行业的转型升级提供了有力的借鉴与启示。

## 第五节　总结：如何抓住模式创新的机会

技术创新往往从某一特定技术点出发，线性地构建商业模式，而这个技术创新的突破点，常常成为激发模式创新的关键触发因素。技术创新与模式创新共同构成了创新活动的两大支柱。

在日常生活中，如何捕捉到模式创新的机会，并在激烈的商业竞争环境中持续发掘驱动商业增长的新动能呢？

## 一、模式创新的时间节点

通过分析唯品会、希音、尚品宅配、正佳集团、领英科技等涉及多个领域、多种企业发展阶段和多样模式创新的案例，我们可以得出结论：模式创新不仅在初创企业以小博大、构建差异化竞争优势时发挥关键作用，在传统企业的转型升级过程中同样不可或缺，在饱和的存量市场环境下，模式创新更是寻求激发新增长点、发掘新商业机遇的有效途径。

在增量经济时代，模式创新往往能引领变革潮流，迅速奠定企业的市场地位。而在存量经济时代，丰富的生产、商业要素为模式创新提供了更多想象空间，通过重新整合生产、技术和资源要素，必将激发新的创新变革潜力。

一般而言，企业家在思考和尝试模式创新时，有两个较好的时间节点：

第一，一项具有深远行业及产业影响的新技术诞生之际，正是进行模式创新的良好时机。这类技术的广泛应用和深入渗透，常能揭示传统商业模式中的痛点与瓶颈，为创新解决方案提供契机。例如，互联网通信技术在 TMT（数字新媒体产业）中的应用，不仅颠覆性地改变了通信、互联网、媒体及科技行业的格局，还推动了大量互联网平台企业、新媒体自媒体以及科技创新公司的崛起，进而引发了整个社会层面的互联网技术革命。

第二，当商业竞争步入常态且优势逐渐减弱，甚至陷入红海或投入产出比下滑时，同样亟须探索模式创新。这表明历经激烈市场竞争后，成熟的行业与产业开始面临初级竞争手段泛滥的问题，结构性和系统性的业态革新成为迫切需求。如海尔集团等领军企业在原有商业模式触及天花板时，会选择通过模式创新来提升竞争力；而在餐饮、服装等长期缺乏系统性创新的传统领域，新技术的应用也能带来颠覆性的变革。举例来说，餐饮业通过移动支付技术实现了收入数字化和透明化，为行业资本运作提供了新的空间；而服装行业则凭借互联网电商平台及智能制造、柔性生产等先进技术，全面促进了产业链的转型升级，孕育出了诸如希音和领英科技等新型创新型企业。

## 二、模式创新的重要途径

通过对模式创新案例进行深入分析，能够找到提升模式创新能力以及发现创新契机的重要途径：

首先，要密切关注每一次技术创新及其在商业领域的广泛应用。模式创新的系统性变革往往源于外部技术元素和内部现实需求的双重驱动，其中，外部技术元素的显著特征更有可能引发全面性的模式创新机会。

其次，需要具备系统性认知和思考能力，站在更高的战略维度去洞察一个行业的发展历程、现状和未来趋势。模式创新的基本要求是能够站在更高维度去思考核心痛点问题，并看到更多的可用于模式创新组合的基础要素。没有宏观的视野和对行业的高度认知与洞察，就无法进行模式创新的思考和突破。在具体层面上，既要遵循行业和产业的基本历史发展规律，发现发展长河中的最佳变革节点，又要针对行业企业的核心痛点和潜规则，不断用新技术元素去敲打和攻关，以引发系统性创新变革。行业顽疾和潜规则的痛点就像磐石，而模式创新行动就像滴水，只有不断用新思维、新实践去敲打这块磐石，才能实现水滴石穿的效果。尽管模式创新可能引发爆发式的变革和影响，但它本身往往是一个慢工程。

再次，回归商业本质去思考问题的思维习惯至关重要。回顾所有成功的模式创新项目，它们往往都抓住了一个核心点——商业本质。模式创新的核心优势在于要素的重新组合，其绝对增值的突破口必定源于对商业服务流程中核心痛点的关注及优化提升。只有这样，才能为模式创新提供内生动力。因此，那些从商业本质出发思考并寻找针对行业核心痛点和诉求的模式创新才具有持久的生命力；否则，就可能沦为各种类型的伪创新。对商业本质的思考无非是为用户和客户提供更快速、更优质、更省钱的产品和服务，以及实现最大限度的降本增效。例如，C2M 量品定制直接省掉中间环节的模式，希音用数字化订单分发组织平台提升供应链效率的模式，都是在本质上遵循了这一原则。

最后，成功实施模式创新还需要具备相应的能力、经验以及资源储备。模式创新本质上是固有要素在新要素和需求激发下的要素组合创新，因此对传统要素资源的了解掌控和对需求情况洞察要求更高。要想使模式创新切实运作起来，需要有一支能够驾驭各类资源包括人才资源的核心团队，团队中除了具有全局视角的统筹人，实际操盘手的能力水平直接决定了模式创新的成败以及能否支撑起一个创新的模式。例如，在共享单车模式创新案例摩拜单车中，虽然创始人胡玮炜并非行业内专家，但各个领域（投资、供应链、营销等）的操盘手均是业界顶尖的职业经理人和从业者，他们聚合形成了一个富有创新能力的新创业团队。

# 第二部分 联盟：引爆增长的捷径

马克思认为，人的本质属性在于其是一切社会关系的总和。每个人在错综复杂的社会网络中，都必然与这个庞大的关系网交织在一起，形成千丝万缕的联系。身处不同社会关系中，我们相应地承担着多重角色，如作为子女、夫妻、父母的家庭角色，或是朋友角色，以及作为企业家的社会角色等。

同样地，企业作为经济社会中一个独立的实体，其本质属性可视为各类商业关系交汇融合的核心。企业的价值创造过程不仅取决于其自身的内在实力，更与其所处社会网络的广阔程度和质量紧密相连。换言之，在经济社会中，一个企业的价值内涵实际上间接体现了它所连结的合作伙伴（即其他社会主体）的数量与质量特征。

就像人可以通过师生关系、同事关系或合伙关系获得人生关键阶段的助推力，进而成为人生的赢家，在遭遇挫折时，也能从家庭关系的温暖中汲取力量，重新出发。企业同样可以利用广泛且高质量的联盟关系作为自我提升的捷径，从而实现快速增长。对于企业而言，联盟不仅是合作的桥梁，更是实现引爆增长的有效手段。

而联盟之所以能够成为引爆增长的捷径，其核心在于能够在企业所在的商业关系网络中，建立起一种稳固的信任关系，从而降低各种类型的信任成本，而信任关系的建立手段和方法的不同，又决定了联盟关系具体类型的差异。

诸如业务关系的互动，典型的是企业上下游供应链和业务渠道之间的关系，典型的案例有苹果与富士康的合作，这种关系是从品牌方到供应链方的紧密合作。另外，普通餐馆与美团外卖之间的关系也是业务关系互动的一个缩影，这代表了企业与平台渠道的合作。

诸如核心技术的共享，科研机构与企业之间的合作是一个典型代表。此外，通过风险投资和技术型创新公司的联盟，新技术得以在产业中应用。同时，新技术和新产品也可以通过业务合作的方式，融入更广泛的社会协作网络，实现技术的共享与推广。

诸如办公空间的共享，产业链链主企业建立的产业园就是一个典型案例。这些产业园将具有业务协同关系的相关供应链企业集中在相对集中的区域，进行协同办公。这不仅大大提高了沟通效率，还节约了物流成本等，从而促进了产业带、产业聚集区、产业园区的形成与发展。

由于存在联盟关系，企业和企业之间以及上下游之间的互动效率得到了进一步提升。这种提升不仅体现在业务、技术和决策层面的信息流上，还体现在办公、供给层面的物流以及资本、财务对接层面的资金流上。在竞争日益激烈的产业环境下，这种效率的提升无疑增强了企业的竞争力。这充分展现了联盟机制在触发增长潜力方面的核心价值。

为快速触发联盟机制效应以驱动增长，需关注两个互补方向：一方面，构建对外联盟，整合企业外部资源，包括合作伙伴、供应链、客户及销售渠道等；另一方面，打造对内联盟，激发内部潜力，依托员工团队与事业伙伴这一核心动力源泉。这两个方向同样关键且价值显著。

# 第三章

# 对外联盟：织起价值创造的大网

对外联盟，顾名思义，指的是企业与其外部的合作伙伴及供应链建立的合作关系。通过这种联盟，企业可以构建起高效的业务流动机制。典型的做法包括与上游供应链从供给流通的角度进行联盟，以及与下游渠道从业务的角度进行联盟。实现这种联盟的手段多种多样，包括战略投资、业务互补、数字化共享以及园区协同办公等。

对外联盟本质上是一个强大的利益共同体，其核心目标在于实现共赢。在联盟的组织形式中，各方地位相对平等。无论是看似主导联盟的产业链链主，还是作为产业投资主角的资本方，都在联盟体系中扮演着各自的角色，拥有不同的分工。重要的是，他们的核心利益应当聚焦于共赢，而非单纯依靠产业链链主的优势对上下游进行压榨。这种压榨的做法不仅不利于联盟的壮大，从长远来看，也无法维持联盟的永续发展。因此，建立基于共赢理念的对外联盟，是推动企业持续发展和产业进步的关键所在。

本质上，联盟企业内部的业务互动，无论谁是甲方，谁是乙方，谁在产业链上游，谁在产业链下游，都是价值创造链条的一环，或者说是整个产业链条的一部分。它们共同在统一的利益体系内，彼此依附共存。

在战略层面的抉择，实际上涵盖了两种本质不同的方向。作为行业的领军企业，那些拥有产业链中相对资本优势、庞大业务规模、深远品牌影响力、尖端技术能力以及优越产业链地位的盟主企业，会利用其在资本、渠道流量、赋能平台、空间载体等领域的卓越地位，通过产业投资、业务导入、创业孵化以及产业园区运营等多重方式，力求最大化地降低联盟体系内的互动成本。其中，信任成本、业务沟通成本等关键要素都被纳入考虑范围，以实现更为高效和顺畅的合作关系。

同时，在构建外部联盟策略时，无论是选择成为具有更强影响力和能力的盟主企业，还是选择成为联盟链条中专注于特定业务的入盟企业，都是明智的决策。盟主企业的领导力与担当，以及入盟企业的业务专注度，各自角色定位的明确差异和清晰的权利义务关系，共同构成了整个联盟体系成功的基石。

当我们聚焦于民营企业这一特定角色时，对外联盟的重要性愈发凸显，甚至成为企业实现快速增长的关键途径。这是因为许多民营企业的创业起点往往集中在某一具体领域的突破，无论是发现市场空白、掌握独特技术，还是提供系统性解决方案，它们都在特定领域提供了独特价值，从而迅速确立了自身的创业支点。然而，要将这个创业支点的作用最大化，实现真正的价值扩展，民营企业需要融入更大的价值网络体系，以实现杠杆放大效应。在这个过程中，建立一种联盟关系成为最优选择。

这种联盟关系的具体组织形式可以多样化，例如，成为大型品牌或龙头企业优选的供应商和合作伙伴，从而与更大的商业组织形成同盟关系。基于业务共生的联盟关系不仅有助于推动商业生态网络的发展壮大，还能为民营企业带来更为广阔的市场机遇和协同创新的可能性。

以广州明珞智能装备为例，该公司通过为汽车制造和一般工业企业提供智能制造解决方案、智能生产线解决方案以及自动化设备开发与制造等优质服务，在智能装备服务领域确立了领先地位。其为奔驰、宝马、奥迪、大众、通用、长城、吉利、广汽、上汽、北汽等国内外汽车制造厂商提供车身焊装智能制造生产线，产品远销到美国、德国、日本、墨西哥、南非、马来西亚等多个国家。在广州，广汽集团等大型车企均为其核心客户。明珞智能装备与这些客户建立的联盟关系已超越简单的设备采购和售卖层面，实现了联合技术攻关和开发等深度协同，从而构建了自己独特的生态位体系。

## 第一节　佳都科技：投资投出来的智能生态圈

佳都科技集团股份有限公司（简称“佳都科技”），作为人工智能软件和算法提供商，基于自主研发的人工智能物联网[①]、大数据、数字孪生等核心技术，

---

① 人工智能物联网：即 AIoT，是一种将人工智能（AI）和物联网（IoT）技术相结合的新兴技术，旨在通过物联网产生、收集来自不同维度的数据，并通过人工智能技术进行处理和分析，实现万物数据化和万物智联化的目标。

为交通和城市应急两大应用场景提供解决方案，具体形成了智慧城市解决方案、智能轨道交通解决方案、ICT 服务[①]与产品解决方案三大核心业务架构。

作为高科技解决方案提供商，佳都科技致力于保持其智能化场景方案的先进性优势，包括技术领先性、服务差异性、方案个性化等，并拥有绝对的技术和成本优势。为实现这一目标，佳都科技需要集合多样化的产品和服务，以确保企业的核心竞争力，并实现快速增长。

在追求技术领先性和服务差异化方面，佳都科技不断在 AI、大数据、数字孪生等技术领域进行前沿布局。一方面，通过内部孵化自有行业智能化产品及运营服务，推动交通和城市安全应急场景的数字化转型；另一方面，通过战略投资的方式，对外进行多项具有战略意义的投资收购，以获取最新的数字化和智能化技术应用，并将其融入自有的核心业务体系之中。

在对外投资方面，首先，佳都科技自 2015 年起在计算机视觉领域联合成立云从科技，2018 年在大数据分析领域战略投资睿帆科技，2020 年在自然语言处理（NLP）领域投资思必驰，2022 年在数字孪生领域投资 Unity 中国。这些投资使佳都科技在智能科技领域形成了全技术链条的广泛布局，高效地完成了初期的技术认知与积累，并在更短的时间内实现了新兴技术在传统场景中应用的可行性判断。

其次，伴随资本动作，佳都科技自 2015 年起开始增大在人脸识别领域的技术投入，并于 2017 年成立中央研究院，致力于数据资源和智能中台的建设。2019 年，公司推出了城轨智慧运营系统华佳 Mos。到了 2020 年，佳都科技开始研发基于数字孪生技术的 AR（增强现实）引擎，该引擎成功地将多维信息与 3D 虚拟界面相融合。2023 年，公司进一步发布了数字孪生平台“佳都灵境 OS”。

通过这一系列联盟布局，佳都科技不仅建立了具备先进性的核心业务体系，更在行业内确立了领先地位。公司不断推动行业智能化产品和运营服务的升级，主要提供基于视觉算法中台、数据中台和数字孪生中台三大技术引擎的智能化解决方案。这些解决方案包括纯软件平台以及嵌入软件的软硬一体设备，广泛应用于轨道交通、智慧城市交通和城市安全应急三大场景。

---

① ICT 服务：即信息通信技术服务，是电信服务、信息服务、IT 服务及应用的有机结合。

同时，佳都科技也在城市轨道交通方面进行积极的投资采购。

首先，2019 年，佳都科技成功中标广州市轨道交通十一号线及“十三五”新线车站设备及运维服务采购项目，中标金额高达 118 亿元，这一成就不仅巩固了公司在智慧城市交通领域的行业领先地位，还使其荣获广东省战略性产业集群“安全应急智能监测预警产业链”链主企业的称号。

得益于国家轨道交通建设的复苏、数字孪生引导的新一轮智慧城市建设加速以及交通大数据的深层次建设，佳都科技在实现核心业务快速增长的同时，也在加速推进第二生长曲线的完成。

其次，2023 年 7 月 14 日，佳都科技在重庆与云从科技、重庆交通开投集团联合发布了首个知行城市交通行业大模型。该模型在技术架构、算法训练、能力测评、安全应用等方面展现出显著的技术优势，尤其在轨道交通与城市交通两大应用场景中表现突出。这一成果的发布标志着佳都科技在智慧城市交通业务走向全国的重要一步。

另外，作为一家专注于智能技术解决方案的企业，佳都科技的核心业务逻辑在于通过提升综合服务能力来拓展和获得更多业务场景（客户），为客户提供更为系统、全面的解决方案。面对技术进步的日新月异，佳都科技始终保持解决方案的技术领先性、功能全面性、性能稳定性以及成本优势性，并积极掌握核心技术的脉动，以最低成本获取并应用这些技术。同时，通过广泛获取技术应用成果并保持成本领先优势及技术升级延展的便利性，联盟体系的建立成为佳都科技实现战略目标最经济划算的战略选择。

通过投资新技术企业，如人脸识别领域的云从科技、自然语言技术 NLP 领域的思必驰、数据库技术的睿帆科技以及数字孪生技术的 Unity 中国等，佳都科技不断扩充其技术能力储备，确保其解决方案在技术领先性、成本优势以及综合性能发挥方面均超出市场预期。

在联盟体系内部，由于深度的投资关系，成员之间不仅提供技术支撑，还提供技术变现的渠道和场景。从本质利益上看，联盟体系内部的成员关系具有互补性。此外，由于成员之间涉及资本投资关系的紧密性，技术和业务合作互动的效率大幅提升。相较于普通的业务合作关系，联盟体系在先进技术共享、深度业务合作以及互动协同效率提升等方面均展现出本质的效率提升。这不仅是联盟体系实现极致效率提升的关键，也是商业信用体系建立的核心价值所在。

## 第二节 金发科技：产业园打造联盟圈

前文提到，依托线上数字化的系统平台，诸如希音等企业能够高效地完成上下产业生态圈层之间的互动，进而支撑起一个快时尚品牌的诞生。而在线下物理层面，则有金发科技等，通过建立主题式产业园区，将产业链条相关的企业集中在同一物理空间进行办公生产，实现物理空间层面的融合，可以大大降低生态企业之间的沟通互动成本，确保整个链条的高效运作。这已成为一种常见的提升联盟效率的方式。

广州金发科技股份有限公司（简称“金发科技”），作为改性塑料产业链条的链主企业，它投资兴建了的华南新材料产业园，通过市场化的方式，吸引了塑料产业上下游的相关企业入驻生产办公。同时，园区还提供了一系列基础性的产业配套服务，如国家级新材料研究院和产业投资机构等，为园区内的企业提供了开放的技术、业务以及投资服务。这极大地降低了产业链上各企业间业务协同的信任成本。

如今，随着中国传统产业和战略性新兴产业的蓬勃发展，家电产业、半导体和集成电路产业、液晶 LED 显示产业、文化创意产业等领域都形成了完整的生态体系。这些产业的繁荣，离不开相关产业主题产业园的兴起。其核心逻辑源于企业对联盟关系的深刻需求和期待。通过将产业上下游相关企业集中到一个共同的物理空间进行生产制造和业务互动，能够更高效地提升整个产业的协同效率，实现联盟对企业增长的促进作用，并降低产业链信任和业务协同的成本。

## 第三节 网思科技：弱者求生意，强者谋联盟

联盟关系作为企业发展的关键要素，是引爆增长的重要杠杆。然而，在商业世界中赢得伙伴的信任并建立稳定的联盟关系，绝非易事。在技巧方面，虽然各家企业情况不同，但仍存在一些共同的原则可供借鉴。网思科技股份有限公司（简称“网思科技”）是一家成立于 2017 年的新兴科技企业，凭借其在人工智能、无人驾驶、数字孪生技术等领域出色的技术表现，在短时间内便赢得

了包括广汽集团在内的大型客户的信任，成为他们重要的业务合作伙伴。

2020年，网思科技创立仅三年，便决定将业务拓展至汽车行业。当时，新能源汽车产业正蓬勃发展，广汽集团作为传统汽车品牌，也正处于转型的关键时期。网思科技敏锐地捕捉到了这一机遇，决定以智慧生产车间项目作为突破口，旨在实现汽车主机厂商生产线的全要素数字化，并利用数字孪生技术实现平台化的智慧运营。这一创新的系统解决方案不仅满足了广汽集团数字化转型的需求，也充分展现了网思科技的创新能力和专业实力。

首先，网思科技的团队成员大部分来自IBM（国际商业机器公司），他们拥有丰富的服务汽车行业客户的经验，对行业的创新要素和痛点有着深入的理解。正是凭借这些优势和专业的技术能力，网思科技成功赢得了广汽集团核心技术岗位和管理岗位专业人士的认可，进而赢得了一笔订单。虽然此时的合作关系仅限于生意层面，离真正的联盟关系还有一定距离，但网思科技专业的技术实力和服务能力给客户留下了深刻印象。通过内部推荐，网思科技与广汽研究院建立了更深度的合作，乃至形成了联盟关系。

其次，网思科技与广汽研究院共同开展了无人驾驶技术的创新实验。这是一次充满挑战的合作，双方都需要承担创新尝试的风险，且未来的结果具有不确定性，但网思科技凭借对技术的自信和对未来发展空间的期待，毅然选择了前行。为了推进合作，网思科技迅速组建了一个四人核心工作小组，进驻广汽研究院进行现场办公，共同分析客户需求和核心难点问题。

合作的起点是利用图像识别技术，对无人驾驶的核心驾驶要素进行还原，实现基本核心要素的数字化。这是一个全新的探索过程，但在双方的通力合作下，任务迅速完成，为人工智能技术研究项目的顺利进行奠定了基础，并带来了第一个明确的订单。

在此基础上，双方进一步扩大了无人驾驶系统的全面管控范围，增加了更多无人驾驶要素和相关管控系统的信号，实现了要素与信号系统的协同自如。这是第二阶段的攻关任务，在需求明确、相关系统开发调试完成后，形成了第二个明确的订单。

再次，随着合作的深入，网思科技借助自身掌握的大数据技术和人工智能精准算法，解决了车路协同以及交通信号系统一致性等技术难点问题，使无人驾驶技术的探索和验证进入了高速、高效的进程。这一阶段将网思科技与广汽研究院的合作关系提升到了一个新的高度，双方成为相互信任、并肩作战的联盟典范。在无人驾驶技术和相关辅助系统的研发及商业应用方面，双方将不断突破创新，共同推动这一领域的进步。

目前，网思科技的数字孪生技术已成功应用于广汽集团系列车型。该数字孪生平台能够提供360度的三维展示，实时呈现汽车的动态画面，包括车辆行驶的路况全景以及汽车侧后方的路况全景等。通过准确“孪生”无人驾驶车辆的驾驶场景至平台上，园区管理方能够更全面、准确、迅速地了解和判断区域行驶状态和路况，为远程监控和确保行驶安全提供了重要的技术支持。这一技术的成功应用不仅展示了网思科技的技术实力，也为广汽集团提供了高效、安全的车辆管理解决方案。

## 第四节　总结：企业引爆增长的必选项

### 一、提高企业业务协同的效率

在商业生态中，企业要想增加自身的商业价值、实现爆发式增长，并降低与供应链各方的沟通成本，必须追求极致的沟通效率，并营造零沟通成本的环境。实现这一目标，可以通过多种方法，包括物理空间的共享办公、数字化的业务协同以及资本层面的股权投资，这些手段都能显著提升企业业务协同的效率。

首先，在物理空间层面，共同在园区内办公是最基础的手段，能够最大限度地减少人员和物流的物理距离，从而提高沟通和协作的效率。企业可以像园区归类一样，采取这种方式来加强沟通与协作。

其次，在业务协同方面，数字化是关键。通过将业务需求、流程和业务信息集中到数字化平台上，可以实现业务信息流的充分共享和融通。例如，希音的产业互联网平台成功地将上下游联盟伙伴的所有业务信息整合在一起，实现了高效的供需匹配，这种技术不仅提高了业务效率，还帮助企业拓展了业务边界。

再次，在资本层面，股权投资是一种有效的战略投资方式。通过股权投资，企业可以实现自身业务在技术能力、业务覆盖和客户资源等方面的深度协同和利益共享。这不仅可以增强企业产品和服务的能力，还能通过建立联盟关系实现核心资源的共享，从而产生“1 + 1 > 2”的协同效应。这种投资策略不仅可以将各方业务资源价值最大化，还能进一步推动企业的爆发式增长。

## 二、联盟企业的基本技能

作为企业外部联盟盟主，必须具备一系列基本技能。首先，要具备超越单一企业战略高度的视野，在企业规模和产业链主导能力方面拥有一定的权威性或实质性影响力。其次，需要采取实质性措施来增强联盟体系内部的信任度，包括升级信任网络、提高互动效率、降低互动成本等。这可以通过资本投资、数字化业务平台和流量业务赋能能力来实现，为联盟企业带来实实在在的利益，如业务增量支持、效率成本提升以及资本资源的导入。

此外，盟主企业还需要为整个联盟带来价值增值，即实现联盟的正向业务增量。联盟的目标在于降低成本并创造外部价值增值，因此评估联盟体系成功与否的重要标准在于，联盟建立后所创造的价值是否显著优于各企业独立运营所创造的价值总和。

对于中小民营企业而言，想要赢得稳固且具有未来价值的联盟关系，首要任务就是突破自我。在这一过程中，提升自己的专业能力成为核心基础。因为与更强大的联盟伙伴建立合作关系，必然要求我们在产品技术和专业服务方面拥有核心竞争力。除了专业能力，保持长期投资和主动出击的心态也至关重要。通过与联盟伙伴建立深度互信，我们才能进一步拓展商业机会，找到企业在联盟体系中的引爆增长点。

联盟，无疑是引爆企业增长的捷径。选择成为盟主或是普通的联盟企业，都有其合理性，关键在于根据企业自身的价值判断去做出选择，只要能够提升企业价值，便是最明智的决策。联盟的角色和方式可能各不相同，但在商业世界里，没有强大和稳固的外部联盟，企业是难以做大甚至难以生存的。

联盟体系具有不同的层次。最直接和核心的是直接利益相关者联盟，它涵盖了直接客户、上下游供应商以及相关协会组织等第三方服务平台。这些联盟者的数量、质量以及结构合理性，直接决定了企业价值的大小。就像在职场中，一个人的薪酬水平往往与其周围朋友的薪酬水平相关，企业在价值网络体系中的规模大小也与其联盟体系中的企业数量、质量和规模紧密相关。

此外，潜在利益相关者联盟同样占据重要地位。它包括潜在投资者、上下游龙头企业、相关研究院等技术研发体系等单位。这些联盟成员决定企业是否能在当前产业链格局中实现升维，成为更大的联盟节点，进而实现企业发展规模和层次的跃升。参与更广泛的联盟网络体系，往往能推动企业业务和规模的飞跃发展。这一层次的潜在利益相关者联盟对于推动企业增长尤为关键，能够显著提升企业的发展质量，是打破企业自我增长瓶颈的重要手段。因此，我们说联盟是企业实现快速增长的有效途径。

# 第四章

# 对内联盟：引爆企业增长的源源动力

从宏观产业链层面，企业通过结盟与更多上下游企业建立联系，形成业务支撑和互补，从而构建广泛的社会协作网络，这已成为一种常见的联盟方式，也是驱动企业快速增长的重要外部力量。然而，在微观层面，如何有效调动企业内部各个价值创造主体的积极性和主动性，形成推动企业增长的内在动力，同样是一个至关重要的问题。

民营企业在人员管理上常常面临一个难题：如何留住人才。企业主既需要监督员工的工作表现，以防偷懒，又要时刻警惕潜在的叛变者。但现实往往是，不少平庸的员工得以留任，而真正有能力的人才却由于企业领导者的过度关注而选择离开，甚至最终与企业形成竞争关系。这一困境让众多中国民营企业倍感困扰。

为了突破这一困境，建立一套标准化、规范化、科学化的管理制度体系显得尤为关键。这样的制度不仅能够激发内部员工的积极性和主动性，还能促进企业领导者和员工之间形成共同的目标和利益联盟，从而确保企业内部团队的稳定性、能动性和高效业绩增长。因此，建立内部联盟机制已成为企业发展的必然选择。

为了构建有效的内部联盟机制，企业需要深入剖析企业领导者和员工的核心利益，寻找双方利益的平衡点，并在企业内部营造一种鼓励联盟创新的集体氛围。不同的企业可能有不同的解决方案，但关键在于找到适合自己企业的方式，确保人员稳定、高效和持续增长。只有这样，企业才能在激烈的市场竞争中立于不败之地，实现持续、健康的发展。

# 第一节 芬尼科技：用裂变式创业驱动增长

广东芬尼科技股份有限公司（简称“芬尼科技”）于2002年在广州成立，是一家专注于生产空气能热泵并提供一体化解决方案的制造业企业。其创始人团队源自20世纪90年代广东著名的空调品牌“天元电器”，通过贸工技的发展道路，成功探索出商用热泵产品的差异化发展路径。

在完成代理销售空调产品后，芬尼科技认识到，在民用空调市场与大型企业如美的、海尔、格力等进行竞争存在难度，因此将主要业务方向聚焦于商用空调设备的生产和销售。然而，在创始人宗毅创立芬尼科技仅两年后，即2004年，公司遭遇了一次严峻的高管离任危机，核心创始团队成员之一的销售总监离职。这位销售总监曾为公司开辟了国内近80%的新业务，但由于认为公司创始人只是拥有企业领导者身份标签的普通人，而自己拥有强大的业务能力，也足以成为新的企业领导者，因此选择离职并在外创立了一家与芬尼科技业务相似的公司，同时还带走了一批芬尼科技的生产部长和技术骨干。

这一突发事件让宗毅对人才吸引和可持续关系处理进行了深入反思。他意识到，企业创始人创业传统的江湖模式，即亲自抓业务和核心资源，虽然有效，但存在局限性，这种模式意味着企业创始人的能力边界就是企业的发展上限。若有专业人才，哪怕是创始团队成员分管核心业务，一旦他们掌握核心客户资源，以及对产品和技术人才的密切关系，便可能产生独立创业的念头，进而带走核心团队，导致企业分崩离析。

因此，宗毅认为企业创始人的江湖模式需要一次系统化的升级。他开始思考如何建立一套机制来应对这一挑战。在传统企业创始人的江湖组织中，领导人必须不断取得胜利，亲自带领团队前行。一旦出错，就可能面临权威质疑，甚至引发组织分裂。

经过深思熟虑，宗毅提出了担保制的人才引进机制作为解决方案。在这一机制下，团队成员可以推荐外部人才进入核心层，并为其提供担保。若推荐的人才出现问题，担保人需承担连带责任。这不仅促进了团队内部的竞争关系形成，还构建了一个利益共同体，这也是裂变式创业思想的核心起源。

## 一、裂变式创业：把员工变成合作伙伴

2004年高管离职危机后，宗毅一直在思考如何避免类似事件再次发生，他

努力团结剩余的高管，确保企业核心人员稳定，从而稳定人心。2005 年，芬尼科技成功开发了游泳池热泵产品（泳池恒温除湿系统），其中的关键配件是钛管换热器。虽然公司有能力自行生产这一配件，但宗毅选择了一种创新的解决方式——裂变式创业。

他召集了几位高管共同商议，决定由他和另一位原始股东出资成立一家专门生产钛管换热器的公司。芬尼科技则作为天使客户，向这家新公司提供稳定的订单。经过严谨的核算，这项投资的收益和利润都能得到保障，看似是一个稳赚不赔的商机。然而，当宗毅提出开放高管参与投资时，大家的反应并不积极，高管们仍持谨慎态度。经过宗毅不懈的说服，终于有一位高管愿意出资 10 万元并出任总经理，另外三位高管则各出资 5 万元成为股东，新公司终于得以成立。

新公司成立后，总经理作为大股东展现出极高的热情和拼搏精神。仅仅七个月后，就完成了产品的研发试制，比预期提前了一年。当年，新公司就实现了 100 万元的利润。2005 年底，宗毅和合伙人决定将利润的一半分给高管们，作为他们的股本分红。这样，高管们一年之内就实现了投资回本，整个团队的干劲也因此更加充沛，无须再进行额外的动员和说服。

这次在公司高管小圈子里的尝试，与当年商鞅立木建信的故事有些相似。这次成功的奖惩收益实验赢得了整个团队的信任，后续的工作也自然而然地进入了预想的发展轨道。

可以说，裂变式创业的第一次实战取得了圆满成功。曾经的员工成功发展成为合伙人，后续出任总经理的高管直接出去创业，而另外三位股东高管则继续留在芬尼科技担任高管，不参与公司运营决策。芬尼科技公司成为天使投资客户，两家公司之间的业务往来正常进行，形成了一个各方面都得利的局面。这种模式使组织能够平和地进行新陈代谢和裂变。

## 二、钱可以选出德才兼备的总经理

2009 年，受全球金融危机影响，芬尼科技一款面向海外市场的泳池热泵产品遭遇了渠道拓展困境，国际市场陷入停滞。同时，国内渠道对芬尼科技这一尚未知名的品牌设置了高门槛，条件难以承受。面对这一困境，芬尼科技被迫寻求新的渠道拓展方式，于是将目光聚焦到了线上 B2C 市场。为实现这一目标，芬尼科技急需一家专业的互联网营销公司来承担重任。

2010 年底，宗毅将第二次内部裂变打造成了一场盛大的活动，效仿电视节目《赢在中国》的模式，举办了第一届“赢在芬尼”创业大赛。大赛的核心主题是“假如我是互联网营销公司的总经理”，旨在通过内部选举产生新公司的总经理。选票设计得颇具特色，除了可以投票选择自己心仪的合伙人，还需注明愿意投资的金额，并附上签名以确认选择。

参赛的总经理候选人在台上发表了精彩的演讲，阐述了自己的经营理念和具体工作计划，大赛还安排了多种类型的互联网营销培训和知识分享活动。共有 14 支队伍参与，队伍大多由 4 人组成，共计有 60 名员工踊跃参与。比赛分为两轮进行，持续了近半个月时间，最终冠军获得了 130 万元的员工投资，亚军则获得了 30 万元。

员工用钱选出了他们心目中最为称职的总经理。这位总经理之所以得到如此高的认可，一方面是因为他在全体员工中亮相，其行为具有高度的透明度，人品和道德水准在选票中得到了验证；另一方面是因为他的经营能力也得到了广泛认可。毕竟，参与投票的员工将自己的真金白银交给了他，期待他带领公司取得成功。在这种现实利益的驱动下，员工的决策变得更加科学和理性，从而选出了德才兼备的人才。

最后选出的总经理为了筹集至少 10% 的股份，几乎抵押了自己的房产和所有积蓄。这种巨大的投入使他充满了强大的动力，上任后自然全力以赴。这种拼搏精神在很大程度上保证了创业的成功，因为一旦项目失败，对于总经理而言，损失将是巨大的，这种压力自然激发了他更加努力的干劲。

### 三、裂变永无止境，始终在进化

裂变式创业，经过两次大张旗鼓的实践，已逐渐走向成熟，并后续逐步成为芬尼科技企业文化和公司制度的重要组成部分，形成了一种独具特色的传统。这一体制化、制度化和可持续的裂变式创业机制环境也在逐步完善。

首先，芬尼科技公司设立了虚拟股份制度，以激发非直接裂变公司人员的投入积极性。对于在公司工作满三年的员工，公司开放单笔至少 1 万元的投资机会，不设投资上限，并将当期利润的 10% 分配给全体持股员工。这一举措确保了员工分享到公司成长的果实，从而提高了他们的工作积极性和忠诚度。

随后，芬尼科技在股权设置方面进行了创新。它将支撑各个裂变公司的公共支撑部门的员工，以及参与投资的更多非新公司任职的相关人员，纳入独立持股平台，使他们能够分享芬尼科技母公司的股权，实现间接和交叉持股。这一举措进一步扩大了利益共同体的范围，增强了内部联盟的凝聚力和影响力。整个芬尼科技形成了一个拥有多元结构和层次的大型联盟体，各成员之间紧密合作，共同推动公司的发展。

随着裂变式创业的实际效果和社会影响力的提升，越来越多企业开始关注这种用钱投票选择创业合伙人的方式。芬尼科技因此成立了裂变商学院，将裂变式创业的整套管理机制和体系以课程形式对外输出培训。这不仅提高了更多企业对内部联盟和裂变式创业的认知，还辅导了更多企业进行内部的裂变式创业。

自裂变学院成立以来，已经累计对2000多家企业进行了系统培训，完成了相关机制体制与人力保障体系的输出工作。众多中小私营企业因此受益，成功实现了裂变式创业。芬尼科技的裂变式创业不局限于制造业主业，还扩展到了裂变学院之外的领域。例如，芬尼科技内部还成功裂变出了一个幼儿园，解除了员工的后顾之忧，进一步提升了团队的稳定性和幸福感。这种裂变方式，同样是基于市场化的原则选举出幼儿园园长。

经过20年的发展，从零起步的芬尼科技已经完成了多次内部裂变式创业。每一次裂变都意味着新一轮的快速增长，使芬尼科技在空气能解决方案领域建立了自己的核心竞争力和“护城河”。如今，芬尼科技的产值已经达到了20亿元的规模，整个团队的创业热情高涨。公司内部形成了一个广泛的利益共同体的大联盟机制，子公司和裂变新公司之间通过股权投资的方式形成了直接的利益关系。这种情感纽带和紧密的网络体系保证了整个机体的高效运作和持续裂变增长。

## 第二节　云从科技：有人才，才有人工智能

在人工智能创业浪潮中，商汤科技、旷视科技、依图科技和云从科技等企业以其卓越的技术和突出的表现脱颖而出，被誉为“AI四小龙”，它们在人工智能的各个垂直领域均取得了显著的成就，代表着行业的未来发展方向。其中，云从科技集团股份有限公司（简称“云从科技”），作为广州AI行业的代表性企业，凭借人脸识别技术的领先优势，成功在行业中占据了一席之地。

云从科技的业务已逐步扩展到智慧金融、智慧治理、智慧出行和智慧商业四大领域，为这些领域提供智能化应用解决方案。经过不断的发展和积累，云从科技的业务初具规模，展现出强大的市场潜力和增长前景。

人工智能技术是一个持续迭代更新的领域，其研发和投入永不停歇，每天都有新的技术突破。在这个行业中，人才、算法和算力是最核心的三大要素，其中，人才更是最关键的创业资源。人才决定了算法的优劣，而优秀的“人才 + 算法”组合又能更好地利用算力。可以说，人才是人工智能领域的核心竞争力。有了人才，就拥有了一切；没有人才，任何智能应用都只是空谈。

首先，在创业初期，想吸引顶尖的核心人才并不容易。云从科技的创始人周曦是一名由科学家转型的创业者，他通过在科学界和学术界的广泛技术交流，建立起了一定的行业影响力和技术号召力。这使他成功吸引了一批硅谷人工智能领域的优秀人才加入云从科技的创业团队，从而解决了创业初期的人才问题。

这种以创始人个人专业能力和个人魅力为基础，以师长、专家等身份形成的圈层联盟关系，虽然在一定程度上实现了资源整合，但终究只是一种浅层次的联盟关系，缺乏实质性的硬核[①]支撑。随着公司的成长和业务规模的扩大，云从科技需要进一步强化这种联盟关系，形成更加紧密、更加稳固的合作关系，以应对行业日益激烈的竞争。

其次，随着市场竞争日益激烈，云从科技在 2023 年上半年推出了“从容”大模型，正式加入通用人工智能大模型的竞争，与阿里巴巴、腾讯、科大讯飞、美团等互联网巨头展开正式角逐。各方都朝着未来仅有一两个通用大模型最终胜出的目标努力，资源的争夺程度可想而知。

在通用大模型的竞争中，国内外巨头形成了不同的梯队。云从科技作为第三梯队，面临着与国内外众多优秀企业的激烈竞争。为了在这场竞争中脱颖而出，云从科技需要突破人才联盟这一核心问题。通过 IPO 与资本市场接轨，云从科技不仅可以获得更多的社会资本支持，为企业研发提供充足的资金保障，还能借助公开市场吸引更多大众关注，提升品牌曝光度，从而吸引更多优秀人才加入。

云从科技总裁姚志强认为，通过 IPO 将公司置于公众视野下，成为高成长型企业，可以为云从科技吸引 AI 领域的人才提供强大的支持。对于那些希望在

---

① 硬核：现多用来表示很厉害、与众不同、让人震惊或难以理解的意思。

有前途的企业中获得更大回报的优秀人才来说，这是一个颇具吸引力的机会。借助透明的企业治理结构和未来价值增值的巨大空间，云从科技能够吸引更多优秀人才，形成更加强大的企业内部人力联盟体系。

总体而言，以人才为核心战略资源的技术型创业公司通过 IPO 方式可以快速实现品牌影响力的提升、内部管理体系的完善和未来价值空间的明确，从而吸引更多优秀人才加入，这是推动企业快速增长的又一重要捷径。

## 第三节　大厂实践：前员工联盟的重要性与价值

在当今互联网时代，职场环境正经历着前所未有的变革。传统的“铁饭碗”观念逐渐淡化，而以自由雇佣为主导的新时代理念正逐渐占据主导。这一转变不仅深刻影响着员工的就业观念，也给企业管理带来了新的挑战和机遇。过去，员工追求的是稳定与无忧，但如今，“80 后”“90 后”等年轻人更加注重个人成长和职业发展，企业面临着人才流失的风险，特别是当投入大量资源进行员工培训后，他们却选择离职创业或加入直接竞争对手的阵营。

为了应对这一挑战，企业需要构建一种新型的联盟关系。这种关系不局限于企业内部，而是延伸到企业外部，形成了一种开放、多元的合作模式。其核心在于任期制，即企业与员工在不同任期内维持着不同的法律关系，但始终保持着紧密的联盟关系。这种关系模式使得企业与员工之间的合作更加灵活，能够更好地适应市场的变化。

在联盟关系的框架下，企业应积极激励员工拓展职业网络，以捕获外部信息与资源。同时，员工也应利用公司的奖励机制扩大社交圈层，为企业的发展贡献更多智慧和力量。离职后，这种联盟关系并不终止，反而进入了一个新的阶段，双方继续保持紧密合作，实现互惠互利。

### 一、前员工联盟的建立

在 2015 年中国互联网的双创浪潮中，伴随着“大众创业、万众创新”的激昂号角，许多曾在互联网领军企业如阿里巴巴、腾讯、百度等任职的杰出员工，在宏观政策的激励与风险资本的扶持下，踏上了创业之路。他们离开了曾经的工作环境，开始独立地追寻自己的梦想。这些离职的创业者，有的直接将原有的团队转型为一个独立的创业公司，有的则从各大公司汇聚人才，组建全新的团队。

随着各种人才的集结，各式各样的社群应运而生。这些社群以其成员原先所在的互联网大厂为背景，形成了独具特色的差异化组织。例如，从阿里巴巴走出的“前橙会”“初橙”“阿里邦”“阿里同学会”，百度的“百老汇”“百骨精”，以及腾讯的“单飞企鹅俱乐部”“南极圈”等社群组织，在互联网的离职圈中尤为活跃。

2014 年 11 月底，马云在离职员工大会上的发言更为离职群体注入了强大动力。他将离职员工比作“敌前、敌后的 5 万外援”，并表示“你们去腾讯、京东，阿里不生气”。这一表态不仅让离职群体感受到了前所未有的关注与认可，也催生了“阿里校友会”“腾讯校友会”等官方离职社群的出现。这些离职社群的出现，虽然在某种程度上意味着互联网大厂①的人员流失，但也向社会展示了这些互联网大厂员工的强大实力。他们离开原有的体系后，依然能够凭借自己的能力独立创业，并取得成功，这无疑是对大厂品牌的一次更为硬核的代言。

除了 BAT 三巨头②，其他知名企业的离职社群也如雨后春笋般涌现。华为的“华友会”“华创俱乐部”，中兴的“中友会”，世联的“地产黄埔会”，宝洁的“宝洁校友会”，美的的“北美洲”等，都是离职员工自发形成的社群。据不完全统计，在互联网 100 强企业中，有 60 多家拥有离职社群；而在世界 500 强企业和中国 500 强企业中，更是有 200 多家存在离职社群。这些离职社群总共超过了 500 个，它们正在成为推动社会创新和发展的重要力量。

这些离职社群能够成立、成长并在细分领域取得一定成就，与每个社群发起人的初心和行动力密不可分。他们不仅敏锐地洞察到离职社群作为“隐形人才库”的巨大价值，更前瞻性地看到了前员工在新公司可能给老东家带来的业务合作机会，这种名利双收的可能性，加上对老东家的深厚情感，共同构成了离职社群独特的魅力。

---

① 互联网大厂：指具有较大规模且知名度及薪资待遇都比较高的互联网公司。

② BAT 三巨头：指中国互联网公司三巨头，分别为百度公司、阿里巴巴、腾讯。

## 二、前员工联盟的基石

前员工联盟的基石在于，一旦雇佣关系形成，就意味着一种广义上的联盟的诞生。这种联盟跨越企业和员工的整个生命周期，呈现出阶段性演化的特点。每个阶段都伴随着具体关系细节的变化，而任期制正是联盟关系核心的支撑点。

根据任期制，企业和员工的关系被明确划分为在职和离职两大阶段。在职阶段可进一步细分为短期和中长期的阶段性任期。在每个任期内，双方设定明确的契约目标，如业绩指标、能力提升和价值创造等。即使员工离职，这种任期制关系也在某种程度上促进新旧公司业务互动、建立公司层面的外部联盟以及资源共享等。

在任职期间，实现双方互惠互利的成长至关重要。企业应为员工提供有利于成长和晋升的环境，而员工则应积极努力，共同推动联盟关系的深入发展。在联盟关系的大背景下，双方应以资源共享者和合伙人的身份处理日常关系，摒弃传统企业人力资源管理模式中相互防备的心态。

具体而言，企业应鼓励员工在任职期间积极拓展客户和人脉资源，并设立专项基金提供补贴以支持员工拓展人脉资源。同时，鼓励员工建立自媒体平台，成为行业意见领袖，以吸引粉丝群体和拓展人脉网络。这些成果将由企业共享，并利用员工的个人品牌效应进行品牌传播、业务模式展示和企业文化氛围的营造。

员工为何要与企业共享这些资源和信息呢？事实上，聪明的员工明白职场中人脉的重要性，而公司支持员工拓展职业人脉对员工自身也大有裨益。拓展人脉资源边界需要共享思维，一个正向循环得以形成：员工积极拓展人脉、展示自我，并与企业共享资源和信息，从而实现个人价值和公司价值的共赢，员工的自我价值也得以最大化实现。

此外，随着互联网双创浪潮的推进，加上宏观政策的引导和风险资本的扶持，越来越多杰出员工选择离职创业。他们离开了曾经的工作环境，开始独立追寻自己的梦想，并形成了各式各样的社群。这些社群不仅展示了离职员工的实力，也为老东家带来了业务合作机会。

2023 年，上市公司顾家家居与盈峰集团的股权投资合作案例进一步印证了前员工联盟的重要性。据媒体报道，促成这项交易的关键因素之一便是顾家家居团队中近一半的高级职业经理人来自“美的系”。他们对美的这个前东家的深入了解，以及对新东家顾家家居业务发展状况的透彻把握，在资本市场上发挥了关键作用，使得两家公司顺利联手并实现战略投资和业务整合。可以说，一个庞大的美的系前员工联盟关系网最终促成了这一对行业影响深远的投资合作。

综上所述，前员工联盟在互联网时代下的职场新变革中具有重要意义与价值。企业应重视并维护好这些关系，以获取低成本、高价值的外部资源，并与前员工保持互惠互利的关系，共同推动行业的发展和进步。

### 三、是雇佣关系也是联盟关系

随着时代的变迁，企业与员工之间的关系已经升级为一种更为紧密的联盟模式。在这个模式下，员工不再一直隶属于某个企业组织，而是回归其作为一个更大的社会协作网络中的新角色。这种转变标志着企业与员工之间从单一的雇佣关系发展为持久且多元化的联盟关系。

在这种联盟关系中，不同的任期内，企业与员工的目标可能有所不同，但都以实现双方的共赢和共同成长进步为前提。这种关系的本色始终是互利共赢、资源共享。无论是资源、品牌、人脉、技能、客户、业务还是能力，双方都保持着开放和共享的状态。员工可能从普通员工晋升为合伙人，从合伙人转变为客户，这些角色转变都是企业与员工关系在不同发展阶段的具体表现。

为了适应这种多元化的联盟关系以及不同阶段的不同呈现方式，企业需要灵活调整管理策略和运营模式，以真正满足联盟关系的要求。这种灵活性和适应性是企业成功转型和持续发展的关键。

以 2023 年新东方集团的转型为例，它从英语培训机构成功转型为直播电商企业，展现了企业与员工联盟关系的巨大力量。通过东方甄选品牌和董宇辉等前新东方英语老师的知识内容电商直播，新东方实现了业务的快速增长和股价的上涨，东方甄选也成为抖音平台的热点，吸引了大量粉丝关注。

然而，随着企业的快速发展，内部矛盾也逐渐显现。例如，“董宇辉小作文”事件暴露了企业内部在处理头部主播个人 IP 与团队付出、核心业务骨干与管理层利益格局划分等方面的挑战。新东方集团通过重新分配企业权力和利益格局，如调整 CEO（首席执行官）和董宇辉的职位和权益，以及扩展公司业务，成功应对了这一挑战。这一过程体现了企业内部联盟建立过程中动态调整的重要性。

对于其他企业而言，无论是从雇佣关系开始就建立联盟关系，还是在业务增长后调整联盟体系，都需要注重动态管理体系的建立和核心力量的集中，以确保企业业务发展的连贯性和可持续性。

从雇佣关系到联盟关系的转变不仅是观念或理念的转变，更是企业员工关系模式自然进化的必然规律。这种转变是企业长足发展并创业成功的关键过程。在这个过程中，企业需要不断调整和优化联盟体系，以适应不同阶段的发展需求，实现共赢和共同成长。

## 第四节　总结：联盟是捷径，也是答案

联盟策略对企业而言，无疑是实现快速增长的捷径，也是解决发展难题的答案。

称其为捷径，是因为通过与外部伙伴的联盟，企业能够迅速扩大产业链朋友圈，进而获取更多的资本、资源、客户和业务增长机会。这种资源整合不仅显著推动了企业的壮大，还降低了企业在更大价值协同网络中的沟通互动成本，产生了可观的增值效应。同时，企业内部与员工等利益相关者的联盟能激发裂变式增长，汇聚更广泛的人脉资源，为企业的持续发展注入源源不断的动力。

称其为答案，是因为内外联盟模式已成为当代企业处理利益相关者关系的有效策略。企业不仅需要选择并适应这种模式，更要精通其运作规律。这已成为企业在激烈竞争环境中生存和发展的必备技能。无论是对外成为联盟的领导者还是积极参与者，抑或在内部构建支持裂变式创业的平台，企业的每一次明智选择都将在当下或未来为企业带来丰厚的回报。

在实施联盟策略时，一些核心认知显得尤为关键，这不仅关系到联盟的成功建立，更决定了这一增长策略能否发挥最大效用。首先，明确联盟的目标和期望至关重要，这有助于确保与合作伙伴在价值观和战略目标上保持高度一致。其次，建立互信和透明的沟通机制是联盟成功的基石，能够促进合作各方之间的协同和信息共享。再次，灵活性和适应性也不可或缺，因为市场环境和企业需求的变化可能要求联盟不断调整策略和方向。最后，重视长期关系建设和持续的价值创造是确保联盟长期稳健发展的关键。只有秉持这些核心认知，企业

才能通过联盟策略实现真正的增长突破。

在建立各类联盟关系时，企业实际上是在编织一张核心关系网。这张网不仅有助于企业拓展外部业务规模，更能促进内部力量和资源的有效整合。这无疑是推动企业快速增长的重要杠杆，也是提升内部实力的关键手段，实现了企业内外兼修的核心竞争力。

联盟关系的永续性赋予其无限的生命力。无论是外部还是内部的联盟，一旦建立，便不再是短暂、一次性的合作，而是伴随着企业发展的每一个阶段，呈现出不同的形态和作用。曾经作为联盟一员的企业，在不断发展壮大中，有可能成为新领域的领军者；而曾经的内部员工，在离职创业后，也有可能成为企业的最大客户。这种动态变化的联盟关系要求企业以发展的眼光看待，并灵活适应其中的变化，这是企业在复杂多变的商业环境中生存和发展的基本技能。

在当前存量市场竞争日益激烈的背景下，联盟策略已成为企业发展的必然选择。除了直接的竞争关系，企业间越来越多地通过联盟形式进行合作，通过团结一切可以团结的力量，企业能够在激烈的市场竞争中形成强大的合力。找到适合自己的联盟体系，建立稳定的联盟关系模式，对于未来企业的发展至关重要。这不仅要求企业具备选择合作伙伴和表达立场的能力，更要求企业善于利用联盟关系带来的各种机遇和挑战。只有这样，企业才能在激烈的市场竞争中立于不败之地，实现持续、稳定、快速的增长。

# 第三部分 文化：引爆企业增长的起点与至高点

在中国这片古老而又充满活力的土地上，民营企业的崛起与创始人文化紧密相连。这种文化，如同一位智者的指引，引领着企业在商海中乘风破浪，稳步前行。它不仅是企业发展的起点，更是推动企业走向至高点的关键力量。

民营企业的创始人凭借独特的商业视角、果敢的决策力和不懈的奋斗精神，将一个个小作坊逐渐打造成熠熠生辉的大品牌，他们的每一个决策都蕴含着对市场的深刻洞察和对未来的远见卓识。正是这种创始人文化，成就了改革开放背景下中国民营企业的辉煌。

然而，正如一枚硬币有两面，创始人文化在推动企业发展的同时，也带来了一些挑战。随着企业的不断壮大，创始人的决策和个性对企业的影响愈发显著，这种高度集中的决策模式，一定程度上限制了企业的灵活性和创新能力；同时，创始人个人的认知和能力局限，也可能成为阻碍企业进一步发展的隐性障碍。

为了突破这些限制，企业文化需要从单一的创始人文化向多元文化转变。这意味着企业需要吸引和容纳更多具有不同背景和专长的人才，共同为企业的发展贡献力量。这种多元文化的融合，不仅可以提升企业的创新能力和适应市场变化的能力，还有助于构建更加和谐、包容的企业氛围。

企业文化的转变并非一蹴而就，而是一个持续进化的过程。在这个过程中，企业需要不断审视自身的文化基因，发掘和提炼那些能够推动企业持续增长的核心要素。同时，企业还需要借助文化的力量，与供应链合作伙伴、客户和消费者等建立更加紧密的联系。通过文化的传递和共享，企业可以树立独特的品牌形象和商业价值，从而在激烈的市场竞争中脱颖而出。

除了在企业内部发挥重要作用，文化还可以作为一种强大的外部杠杆，帮助企业实现以小博大、一举引爆的效果。通过与外界建立共同的价值理念和愿景，企业可以在思想认知层面达成广泛的共识和信任。这种共识和信任不仅有助于提升企业的社会影响力，还可以为企业带来更多商业机会和合作伙伴。

企业的终极追求不仅是商业利益的最大化，更是与社会大众达成广泛的文化共识，这意味着企业需要在满足客户需求的同时，积极履行社会责任，引领社会潮流。只有这样，企业才能真正融入社会价值网络，成为不可或缺的重要节点。而文化，正是连接企业与社会的桥梁和纽带。

综上所述，文化在引爆企业增长的过程中发挥着至关重要的作用。它始于创始人的智慧和勇气，并随着企业文化的形成和传承而不断发展；它起源于独特的文化基因，借势于强大的文化杠杆，通向与社会大众达成广泛共识的终极目标。在这个过程中，文化不仅是一种商业竞争手段，更是推动企业持续增长的核心动力和关键要素。

# 第五章

# 文化基因:从创始人文化到企业文化的演变

在当今网络时代，各种IP和品牌名称如潮水般涌向我们，使我们的感官系统承受着前所未有的压力。然而，当我们提及阿里巴巴、小米、华为、美的、海尔、联想、苹果、东方甄选（新东方）等知名品牌时，脑海中自然而然地浮现出这些品牌背后企业负责人的形象，如马云、雷军、任正非、何享健、张瑞敏、柳传志、乔布斯（或库克）、俞敏洪等。这些企业家的名字与他们的企业品牌紧密相连，不仅引发了大众的认知联想，更因他们在个人行事方面的种种表现，让我们得以更深入地了解这些企业及其产品和服务。甚至有些人会因为对这些企业家的个人崇拜和喜爱而爱上他们的品牌，成为忠实粉丝。

尽管这些企业家的个人背景和专长各不相同，有的出身技术岗位，有的擅长业务营销，有的擅长管理，但他们都在各自企业的发展过程中，尤其是在关键的引爆增长阶段，发挥了举足轻重的作用。正是他们将自己的文化基因注入了企业之中，开启了这些文化基因在企业内部的漫长进化之旅。这可以称为创始人文化。

随着时间的推移，创始人文化逐渐演变为更加成熟和稳定的企业文化。这种演变并非一蹴而就，而是需要经过长期的积累和不断的优化。在这个过程中，企业家们需要不断地审视和调整自己的经营理念和管理方式，以确保企业文化与时俱进，始终保持活力和竞争力。

当创始人文化成功地演变为企业文化时，企业内部会形成一种共同的价值观和行为准则，这些准则将贯穿于企业的各个环节和层面，成为员工们自觉遵循的行为规范。这种文化基因的传递和延续不仅有利于企业的稳定发展，而且能够激发员工的归属感和创造力，为企业的持续创新提供源源不断的动力。

当企业文化成为一种强大的内部驱动力时，它将推动企业不断向前发展，实现更高的目标和愿景。这种文化力量不仅能够提升企业的品牌形象和市场竞争力，更能够吸引和留住优秀的人才，为企业的长远发展奠定坚实基础。因此，不断优化和完善企业文化，将成为企业持续发展的重要保障。

当然，这种文化基因的呈现形式多种多样，它们在企业发展的不同阶段以不同方式对企业产生深远影响。在此过程中，有两个核心关键词显得尤为重要。定式、进化，这两个核心关键词共同构成了企业文化基因的独特表达方式，使企业更好地适应市场变化，实现持续增长和可持续发展。

第一个关键词是定式。定式，即民营企业在创立之初便与其创始人的个人风格紧密相连的现象，这种联系不仅深刻，而且直接决定了企业的品牌形象和文化基因。在这种情境下，创始人宛如企业的灵魂，其个人喜好和风格往往成为企业的代名词，从而塑造出外界对企业的整体认知。这种由创始人文化基因所主导的企业呈现方式，形成了一种独特的定式——创始人塑造企业，而企业的最终形态则映射出创始人的个人特质。换言之，民营企业的文化特色在很大程度上源于创始人的个性气质，这已经成为一种不容忽视的定式。

第二个关键词是进化。进化，是指源于定式的创始人个人对企业文化的影响所经历的一种自然演变过程。这一过程显著表现为创始人独特的文化风格逐渐深化并拓展为更为广泛和深入的企业文化，实现了从个体到组织的文化跃迁。与此同时，在宏观层面的进化过程中，微观层面的文化多元性也在不断发展与丰富。个人文化在向组织文化过渡时，吸纳了多种文化元素，经过融合与创新，形成了独具特色的企业文化形态。随着公司业务的不断拓展和升级，这种基础的企业文化影响力逐渐扩大，推动企业文化持续进化与发展。

在企业由小起步的初级阶段，企业文化往往等同于创始人个人的文化喜好。但随着企业的发展壮大，有更多时间和场合需要面对社会公众的关注和审视，创始人文化也逐渐升级为企业文化，这标志着企业负责人从个人品牌向企业家中性品牌的转变。

在进化过程中，企业的文化基因逐渐凸显其作为企业增长核心要素的重要性。它是民营企业成功最原始、最关键的起点，推动企业从创意、样品逐步发展成大型企业乃至商业帝国。这种文化基因不仅赋予企业独特的生命力，还在激烈的市场竞争中为企业提供持续的创新力和竞争优势。

## 第一节　星河湾：稳健品质之路，匠心铸就卓越

星河湾集团有限公司（简称“星河湾”）自1994年创立以来，始终站在中国城市高品质不动产开发的前沿。经过数十年的稳健发展，它已转型为集城市建设、城市服务、智慧制造及应用于一体的现代化大型综合企业。

与众多同行相比，星河湾在市场中展现的差异化与个性化，并非表面元素的堆砌，而是源于其独特的经营哲学与企业文化。这种内在的不同，使星河湾能够独树一帜，引领行业潮流。

作为广州本土的杰出房地产企业，星河湾在追求资本快速扩张的同行中显得尤为特别。它注重稳健发展，坚守品质，致力于将每项业务打造为精品。在星河湾看来，房子不仅是建筑，更是美好生活的载体，因此，为客户提供美好生活成为其核心使命。

### 一、创始人的基因底色

星河湾深谙中国高净值人群对品质生活的追求，为满足这一群体的需求，坚持双轮驱动战略：一方面打造高品质住宅，另一方面营造全方位的美好生活体验。这一切成就，离不开企业创始人黄文仔先生所秉持的工匠精神。

这种工匠精神，不仅深刻烙印在黄文仔先生的个人品质之中，更通过他的言传身教，成为星河湾企业文化的灵魂。黄文仔先生的女儿、星河湾总裁黄健慧女士，在谈及父亲时，总是充满敬意地肯定父亲对她职业生涯的深远影响，特别是父亲那份对品质执着、精益求精的工匠精神。她坦言，这种精神已成为她工作和生活的座右铭，激励着她不断追求卓越。

在星河湾内部，工匠精神已升华为一种共同的文化信仰。这种信仰不仅体现在对产品的精心雕琢上，更体现在每位员工对工作的敬业与专注上。作为星河湾的首席产品经理，黄文仔先生对员工的工作要求严苛至极。他要求每位总经理必须将至少一半的工作时间投入工地现场，以确保对产品的持续关注；同时，他们必须对项目的每个细节都了如指掌，以应对各种挑战。这种严格的要求在星河湾内部已成为常态，成为每位员工的基本职业素养。

正是凭借这种深入骨髓的工匠精神，星河湾得以打造出一系列会说话、能与业主深度沟通的高品质产品，从而赢得了中国高净值人群的青睐与信赖。如

今，提及星河湾，人们会自然而然地联想到其卓越的品质、优美的社区环境以及无可挑剔的服务。这些良好口碑的背后，是星河湾对工匠精神的坚定信仰与不懈追求，这种信仰已深深融入企业的每个角落，成为推动星河湾不断前行的强大动力。

## 二、创始人的价值主张

星河湾自创立之初，便在创始人兼董事长黄文仔的引领下，坚定地走上了品质化的发展道路。这条道路，星河湾坚守了整整三十年，无论市场如何风云变幻，星河湾都始终如一。

黄文仔在各种场合都毫不掩饰地表达其核心价值主张：土地是宝贵的不可再生资源，因此房地产开发必须具备长远眼光，力求打造能够代表城市的经典作品，将每一寸土地的价值都发挥到极致。这样的产品和服务，自然赢得了市场和客户的双重认可。

基于这样的价值主张，星河湾多年来始终将发展目标定为成为钻石级企业。在黄文仔看来，钻石不仅是昂贵的宝石，更是匠心独运、精雕细琢的艺术品，蕴含着灵魂和寄托，远非普通商品可比。

以星河湾旗下的酒店板块为例，它并未循规蹈矩，而是将自身定位为度假商旅型酒店，住客在此不仅可以欣赏优美风景，还能享受完备的休闲会议设施，尽情体验度假与会议的乐趣。因此，星河湾酒店被誉为专为追求极致完美的鉴赏家打造的艺术品。

在黄文仔心中，房子作为不动产，应该经得起时间的考验，成为世代传承的宝贵财富。因此，“好房子是用来住的”不仅成为星河湾的核心企业价值主张，更是其打造卓越品质的坚定信念和不懈追求。

## 三、企业文化的积淀

在星河湾的企业文化中，“舍得、用心、创新”这六个字犹如明灯，指引企业在商海中稳健前行。这种文化内核在当今逐利的社会尤为独特，星河湾的“舍得”精神在追逐商业利益最大化的浪潮中更显格格不入，但正是这种精神赋予了星河湾独特的魅力和深厚底蕴。

以星河湾特色产品品牌木栈道的修建为例，这一举措充分展现了企业在舍得方面的决心。为还原珠江美景，保障行人安全，星河湾不惜斥巨资修建木栈道，为市民打造休闲健身场所，成为珠江流域的亮丽风景线。这种真金白银的投入，在行业中罕见，彰显了星河湾对社会责任和公共利益的重视。

在用心方面，星河湾更是将细节做到极致。从木栈道地板选材到施工方式，处处体现对品质的苛求和对业主的关怀。地板采用抗氧化、防潮、防虫蛀、耐高温、耐腐蚀的木塑材料，虽然造价昂贵，但更体现环保理念。同时，采用分段升级方式进行整修改造，减少对业主和居民的影响，赢得广泛好评。

在创新方面，星河湾从未止步。从广州星河湾半岛到青岛、汕尾等新项目，都将城市景点定制在木栈道和铁花栏杆上。这种别出心裁的设计，不仅增添了城市风景线，更让人们在欣赏美景时感受城市历史和文化。这种创新精神贯穿企业经营管理、市场营销等环节，为星河湾持续发展注入动力。

## 四、产品标准的不断迭代进化

在不断演进的时代潮流中，星河湾始终与时俱进，迭代进化产品标准，以满足业主日益增长的消费需求。这既彰显了星河湾对品质的执着追求，也体现了其作为行业领军者的远见卓识。

回溯历史，2000 年前后的广州星河湾，以其独特的建筑风格、如画的园林环境、美轮美奂的室内装修和完善的社区设施，让“品质”二字熠熠生辉，星河湾成为当时房地产市场的璀璨明珠。这标志着星河湾 1.0 时代的开篇，奠定了其产品“高起点、高定位、高竞争门槛”的坚实基础，并成为全国同行竞相效仿的楷模。

2005 年，北京星河湾惊艳亮相，开启星河湾 2.0 时代。通过持续优化和创新，它呈现出一件完美的艺术品，赢得了市场、专家、客户和同行的广泛认同。这一创举使星河湾从地方知名品牌跻身全国高端品牌行列，其品质得到社会的广泛认可，成为“中国好房子的标准”。

随后的星河湾 3.0 时代，星河湾展开全国布局，多个项目齐头并进，展现强大的综合实力。无论是项目合作方还是承建商、供应商，都对星河湾标准给予高度认同。这一时期，星河湾标准不仅成为企业对产品、员工的最高要求，更成为行业内的标杆。

如今，星河湾已迈入全新的 4.0 时代，以星河湾半岛为代表的系列产品日益成熟。这一时代的标准涵盖设计施工、运营维护、配套服务等多个方面，并延伸至相关业务板块的整个产业链。这些更新、更高、更严的品质标准，体现了星河湾对品质的极致追求和不断创新的精神。

作为有文化的企业，星河湾始终致力于提供美好生活的提案。这种文化底色贯穿企业经营模式、产品形态和管理模式等多个层面，并体现在与客户和社会的每一次交互中。创始人黄文仔的匠人精神和对产品品质的极致追求，孕育出舍得、用心和创新的企业文化特征。这些特征使星河湾的品牌形象深入人心，成为企业在核心业务和与客户交流中的独特优势。

## 第二节 视源股份：工程师文化的辉煌演绎

广州视源电子科技股份有限公司（简称“视源股份”），自 2005 年 12 月在广州诞生起，便承载了一群乐华彩电研发团队工程师的梦想与执着。这群技术精英在任职公司被上市公司收购后，毅然选择独立创业，将他们对技术和产品创新的热情，以及对自由研发氛围和创新精神的追求，深深植入了企业灵魂。

作为全球液晶电视核心部件和商用显示整机产品的佼佼者，视源股份专注于消费类和商用类电子产品领域。凭借在显示、控制、连接等方面的核心技术优势，公司贯通了研发设计、供应链整合、生产制造及品质管控全链条，为电子行业提供卓越的核心部件或整机产品设计及供应链服务。

### 一、工程师文化的基因

尤其值得一提的是，这家以提供显示主控板卡业务起家的“后台型”公司，在工程师团队的持续创新下，成功在主控卡板业务基础上衍生出三大既相互关联又保持独立的业务模块。这三大业务模块在各自细分领域均领先，成为行业翘楚。当其他企业还在探寻第二增长曲线时，视源股份已拥有多条曲线并存的发展格局，共同支撑企业的全面系统发展。

视源股份凭借精湛的技术实力和深厚的工程师文化，成功构建了三大垂直业务模块。首先是基础产品液晶显示主控板卡，作为消费电子品牌企业的坚实后盾，赢得广泛认可。其次是商用智能平板产品和会议平板产品 MAXHUB，展现技术实力，提供便捷、高效的智能体验。最后是智能教育场景解决方案的产品和服务，包括硬件显示平板、交互系统以及软件教育内容服务系统，将产品服务模式升级为系统解决方案，为用户提供全面、专业的服务。

这三大业务模块虽面向不同用户群体，但在视源股份的统一管理下和谐健康发展，产生良好协同效应。这种协同效应提升了企业整体竞争力，为用户带来更丰富多样的选择。视源股份的成功实践充分证明了其工程师文化的强大生命力和广阔发展前景。

| 时间起点 | 业务主体 | 行业地位 |
|---|---|---|
| 2005 年 | 液晶显示主控板卡 | 液晶显示主控板卡全球第一 |
| 2015 年 | 智能平板产品 | 交互式智能设备首位、国内市场份额第一 |
| 2021 年 | 智慧教育场景解决方案 | 增长最快的创新业务模块 |

## 二、工程师文化的卓越表现

第一，视源股份在部件与控制器业务方面表现卓越，其中液晶显示主控板卡业务更是全球领先，同时在白色家电[①]等控制器领域积极布局。自 2005 年成立以来，视源电子专注于显示卡领域的深耕与创新，产品系列丰富，为全球众多电视及显示设备厂商提供优质服务。

作为全球液晶显示主控板卡的主要供应商，视源股份的产品广泛应用于各类液晶电视及智能电视中，受到 TCL、海信、海尔等知名品牌及众多 OEM（原始设备制造商）和 ODM 厂商的青睐，出货量稳居行业前列。2021 年上半年，其液晶电视主控板卡出货量占比高达 29.05%，进一步巩固了市场领导地位。公司还积极拓展新兴领域，实现了营业收入的快速增长，成为公司发展的新动力。

第二，在会议交互智能平板领域，视源股份同样表现出色。公司早在 2008 年就推出“希沃”系列产品，凭借深厚的技术积累迅速占领市场。希沃产品在教育市场交互式智能设备领域持续领跑，市场份额稳居第一。

① 白色家电：指可以替代人们家务劳动的电器产品，主要包括洗衣机、部分厨房电器，以及改善生活环境、提高物质生活水平的电器，如空调、电冰箱等，早期这些家电外观大多是白色的，因此得名。

为拓展业务领域，视源股份相继推出智能触摸设备 CVTOUCH 会议平板及 MAXHUB 第二代会议平板。其中，MAXHUB 以颠覆性的产品理念融合多项功能，打造全新会议平台，赢得广泛赞誉和多项大奖。公司坚持以用户需求为导向，形成通用、垂直、行业的多元产品研发思路，满足不同行业企业的多元化需求。据奥维云网统计，MAXHUB 交互智能平板在国内会议市场连续四年销量领先。这一成绩不仅彰显了视源股份在会议交互智能平板领域的实力，也巩固了其在中国会议信息化领域的领先地位。

第三，视源股份在教育领域的业务布局堪称典范，其教育交互智能平板业务不仅领跑国内市场，更跃升为智能教育和教育信息化解决方案的领军企业，堪称行业翘楚。公司的“希沃”系列平板产品九年蝉联国内教育市场销量冠军，2021 年市场占有率高达 44.7%，市场地位稳固。

为深化教育布局，视源股份携手英特尔等伙伴，推出创新教育信息化解决方案，全面覆盖课前、课中、课后各环节，为师生提供一站式高效服务。此举将智能交互体验带入千万课堂，使教学更生动有趣，使资源共享最大化。

除了基础教育，视源股份还积极拓展高等教育市场。2021 年，希沃与英特尔联合推出数字高校综合解决方案，针对高校教学场景及学习空间提供全面方案，为高等教育信息化、智能化注入新活力。同时，希沃与联合国教科文组织高等教育创新中心合作，开展公益性项目，为全球高等教育发展贡献中国力量。

视源股份规划以希沃品牌为核心，探索未来教育。通过推动数字化硬件升级和软件创新，为广大师生提供优质、高效的教育信息化工具和服务。同时，积极拓展海外市场，将中国优秀教育信息化产品推向全球。

## 三、开放自由的创新文化

视源股份的工程师文化基因，孕育了开放自由的创新氛围，推动企业核心业务不断迭代拓展。同时，开放共享的文化理念强化了创新精神的内涵和外延，实现了从工程师创新文化到开放共享管理文化的转变。

在电子科技领域，技术创新是行业发展的核心驱动力。视源股份深知此道，其技术团队在液晶显示主控等领域持续探索，公司内部氛围开放自由，激励研发人员勇攀创新高峰。此外，视源股份通过股权激励和轮值 CEO 制度，确保创新成果得到合理回报，进一步激发创新动力。

视源股份的股权结构体现分享精神，创始人、骨干员工均持有股份，利益共享机制使公司发展与员工利益紧密相连。联席和轮值 CEO 制度为创新提供广阔舞台，无论是创始人还是骨干人才，均可在擅长领域展现才华，推动创新发展。

视源股份重视技术创新，持续加大研发投入，依托中央研究院和工程院科研能力，推动产品升级迭代，探索新技术方向。此举将积累丰富专利成果和知识产权，巩固行业领先地位。

开放共享的企业文化吸引了众多优秀人才，构成公司创新发展的核心力量。视源股份在高清显示、人机交互等领域技术深厚，建立博士后科研工作站等高端平台，为未来教育、企业服务等多领域创新发展奠定坚实基础。

视源股份之所以能稳居行业领军地位，是因为其开放的创始文化与工程师创新主导的氛围。这种文化不仅有利于其注入创新动力，更有助于其在市场竞争中持续突围，实现持久增长。展望未来，视源股份在拓展国内市场的同时，海外市场也得以深化拓展，有望迎来新一轮爆发式增长。

## 第三节　网思科技：从模仿到自建的成功

网思科技股份有限公司（简称“网思科技”），素有“小 IBM”之称，这一美誉不仅源于其创始人及团队的 IBM 背景，更在于其在高科技领域所展现出的卓越实力与深厚的文化底蕴。自 2017 年创立以来，网思科技凭借强大的技术实力、敏锐的市场洞察力和独树一帜的企业文化，在人工智能、大数据、数字孪生等前沿科技领域取得了令人瞩目的成就。

### 一、文化基因的模仿

作为一家新锐高科技公司，网思科技汇聚了众多来自 IBM、华为等科技巨头的精英人才，他们共同秉持创新、卓越、务实的理念，通过自主研发和持续创新，推动数字化技术的创新与应用。在短短几年内，网思科技凭借其卓越的产品和服务赢得市场的广泛认可，实现从创业初期的小规模团队到行业领军企业的华丽转身。

值得一提的是，网思科技在创业初期并未依赖大规模的风险投资，而是依靠团队的智慧和努力，通过内部“众筹”的方式筹集资金。这种独特的创业模式不仅展现了团队的凝聚力和信念，也为公司的发展注入更多活力和动力。短短几年内，网思科技便实现自我盈利，并以惊人的速度持续增长，成为行业内的一颗璀璨明星。

如今，网思科技的产品和服务已广泛应用于通信、金融、电力和制造业等多个重要领域，赢得了中国移动、中国电信、国家电网、广汽集团、平安银行等重量级客户的青睐。这既证明了网思科技在高科技领域的领先地位，也充分展现了其模仿 IBM 文化的成功。

网思科技凭借卓越的技术实力、独特的企业文化以及创新的创业模式，在高科技领域取得了令人瞩目的成就。其模仿 IBM 文化的成功不仅为新一代民营企业树立了榜样，也为整个科技行业注入了新的活力和动力。

自 2017 年创立以来，网思科技锐意进取，在通信行业率先提供数字化、智能化的升级解决方案。凭借出色的专业能力和深厚的客群关系，公司成功签约了中国移动、中国电信等行业巨头，实现了创业的冷启动。这一阶段的成功，不仅源于团队对客户需求的深刻洞察和精准把握，更得益于他们在亟须业务创新升级的时代背景下，作为创新服务提供者所展现出的独特价值。

## 二、自我文化的觉醒

历经 2017—2021 年企业基础建设阶段后，网思科技迎来了高速增长的黄金时期；公司人员规模迅速扩张，业务量飙升，产品和服务竞争力也实现了质的飞跃。这一时期，网思科技不仅积累了众多为通信行业大客户服务的成功案例，提升了自身品牌的市场影响力，还成功拓展了电力、汽车等领域的多元客户增量。特别是在赢得广汽集团智慧生产车间项目后，公司进一步拓展了广汽研究院无人驾驶数字孪生业务，不仅拓宽了客户群体，更将业务模式从传统成熟领域升级为创新驱动，引领公司踏上了面向未来的可持续发展之路。

而这一切成就的取得，都离不开网思科技对 IBM 文化的模仿。从战略定位、业务拓展模式到员工成长路径等，网思科技依托创始团队在 IBM、华为等企业的丰富工作经历和深刻洞察，实现了自我文化的觉醒，为其创业之路奠定了坚实基础。

首先，在战略抉择的关键时刻，网思科技深受 IBM“创新为要、成就客户、诚信负责”企业文化的熏陶，坚定地选择了以客户为中心的价值创造之路。

2017 年，正值互联网创业浪潮的巅峰，网思科技却独辟蹊径，未盲目追随资本驱动、技术为先的创业潮流，而是紧紧围绕通信行业客户的需求和信任，依托团队丰富的服务经验和资源储备，构建起独特的业务和服务体系。自创立之初，网思科技就将价值创造作为企业的核心使命，这一选择不仅彰显了其远见卓识，也为后续发展奠定了坚实基础。

其次，在品牌运营方面，网思科技秉持专业服务理念，致力于塑造独立且卓越的品牌形象。团队成员在 IBM 等大型企业积累的深厚专业技能和良好口碑，为网思科技在通信行业特别是电信运营商领域赢得了极高声誉。这种基于个人能力的专业口碑有力支撑了新公司的冷启动，并在创业过程中转化为网思科技企业服务品牌的强大力量。通过不断升级和完善服务体系，网思科技正逐步将个人口碑升华为企业品牌和系统性解决方案平台，吸引更多元、更广泛的客户群体。

再次，团队学习进化能力是网思科技实现快速增长的核心驱动力。团队成员在 IBM、华为等业界巨头的培养下，不仅能迅速掌握行业知识，更能针对行业和企业发展痛点提出切实可行的解决方案。这种能力为客户创造了实实在在的价值增量，成为网思科技企业文化的重要组成部分。通过不断学习和进化，网思科技团队正以前所未有的速度和效率推动企业蓬勃发展。

最后，在进军汽车行业尤其是新能源领域的过程中，网思科技创业团队展现出了敏锐的市场洞察力和专业的系统理解能力。他们迅速而全面地把握住了新能源车行业区别于传统汽车行业的独特特点，并在与客户的沟通中精准触及行业核心升级的痛点，引发客户的强烈共鸣。这种共鸣不仅为客户带来了实实在在的价值感，也为网思科技赢得了客户的深厚信任，为后续合作奠定了坚实基础。

这种从成熟大企业中模仿并融合创新而来的企业文化基因，不仅赋予了网思科技独特的商业竞争力，也为其未来发展注入了持续动力。同时，这种创新型民营企业文化基因的形成过程，也为我们提供了新的思考视角：如何通过对企业文化基因的模仿与创新，实现企业的持续发展和竞争优势的不断提升。

# 第四节 总结：企业文化基因一直在进化的路上

## 一、文化基因为企业注入活力

企业，作为社会的微观细胞，其文化基因不仅承载着企业的灵魂与特质，更随着时代的变迁而不断进化。这种进化不仅是企业自身发展的必然选择，也是宏观社会文化的缩影与体现。

回首中国改革开放之初，第一代企业家如柳传志、鲁冠球、张瑞敏等人，凭借个人智慧和对市场的敏锐洞察，在众多市场机会中开辟新天地，成为各自领域的佼佼者。他们的企业文化基因中，蕴含着开拓创新、锐意进取的精神，以及对市场变化的敏锐感知和快速响应能力。

随着时代的进步与社会的发展，新一代企业家逐渐崭露头角。他们普遍拥有更高的学识和更广阔的视野，不再满足于解决基本问题，而是追求更优、更特、更新的解决方案。这一变化也赋予了企业文化基因新的要求与侧重。新一代企业家更加注重创新、协作和共享，这些价值观逐渐成为他们企业文化基因的重要组成部分。

与此同时，互联网技术的迅猛发展为企业文化基因的进化注入了新的活力。新一代企业家在创业过程中，更加注重利用互联网技术和平台，打造独具时代特色的企业文化。他们借助社交媒体、在线协作工具等新型沟通方式，加强企业内外的交流与合作，营造出更加开放、包容和多元的企业文化氛围。

在文化基因的传承与创新方面，成熟企业面临着随外部环境变化进行迭代升级的挑战。这既涉及引入新文化元素，再造并重塑企业文化，也涵盖企业家代际的文化传承与创新融合。而新锐创业企业则更多从成熟大厂中汲取经验，继承优良传统，并结合自身特点进行创新融合，形成别具一格的企业文化基因。

技术手段的创新也为文化基因的应用开辟了新路径。例如，通过 IP 化玩法等新型营销方式，企业能够将文化基因与品牌形象紧密结合，提升品牌知名度和美誉度。同时，如何运用技术手段编辑整合文化基因要素，推动创新的持续发生和文化的不断进化，成为企业当前亟待解决的重要课题。

总之，文化基因的时代进化是企业发展的必由之路。企业需要实现从传承到创新的转变，不断适应时代变化和社会需求，完善自身的文化基因，推动企业持续发展，促进社会不断进步。

## 二、企业文化迎来 IP 化与外部化趋势

随着时代的演进，企业文化正经历着深刻的变化与升级。其中，IP 化的普及成为最显著的趋势之一。如今，诸如小鹏汽车、小米的“小字系”、微信之父等名字，不仅是企业或品牌的代表，更是创始人与企业之间深度绑定的象征。这些品牌名字在营销层面的不断加持下，已转化为大众消费者心中的文化品牌 IP，展现了企业文化 IP 化的新动向。

这种 IP 化趋势不仅加深了消费者对企业或品牌的认知，更在情感层面建立了消费者与创始人或企业之间的紧密联系。企业文化由此从内部走向外部，成为差异化市场竞争的有力手段。以往被视为企业内部文化基因的内容，如今已根据市场需求逐步向企业外部延伸，转化为企业创始人 IP，成为企业在激烈市场竞争中脱颖而出的重要筹码。

同时，企业文化的外部化也凸显了其作为软实力的重要性。在市场竞争日益激烈的今天，企业文化不再仅仅是内部管理工具，更是企业展示特色、吸引人才、赢得客户的关键所在。通过将企业文化与外部市场相结合，企业能够更有效地传递自身价值观和理念，从而在市场竞争中占据有利地位。

总之，企业文化的现代演变展现出 IP 化和外部化的新趋势，这既体现了企业文化在时代发展中的新变化，也揭示了其在现代商业竞争中的核心地位与关键作用。

## 三、文化基因正经历再编辑与传承升级

随着时代的变迁和创业环境的不断演进，企业文化基因也在经历着再编辑与传承升级的过程。这种变化不仅体现在创始人文化的多元化和团队化趋势上，还贯穿于企业发展的各个阶段和层面。

在改革开放早期，创业多是以个体为主，亲朋好友为辅。然而，随着社会的进步和人才体系的完善，新一代创业者逐渐崭露头角，他们拥有更为丰富的企业职场经历，这使得创始人文化逐渐由个体主导升级为以团队为主要呈现形式，创业门槛也随之提高。如今，三位海归博士共同创业、前同事合伙独立创业等模式已屡见不鲜。一个创业想法往往能够迅速吸引一个完整的创始人团队，凭借详尽的商业计划书顺利融资，进而进入正规化的创业阶段。这种模式的普及化也推动了企业文化基因的再编辑与传承升级。

在创业起步阶段，创始人文化不再局限于单一个体的主导，而是转变为由创始团队共同塑造的文化主导。与以往时代文化基因的个性化、单一化模式相比，新一代创始人文化展现出更为多元和包容的特性，这使文化基因的结构更加合理，对外影响力也远超传统的单一创始人文化。

在企业发展过程中，随着不同时间节点和发展阶段的到来，各种文化基因的加入也成为一种常态。企业文化的革新进化、文化的包容融合属性更加强烈。例如，一个新兴的企业管理 SaaS①（软件即服务）软件公司，在初创阶段可能以大学生程序员创业团队为主力；在成功研发出核心产品平台后，该公司可能会接受风险资本投资，并由资本方推荐和引进诸如 BAT 三巨头企业核心营销团队成员的高级管理人才，负责整个市场的推广工作。这种引入新文化基因的做法不仅丰富了企业文化，还为企业带来了新的市场增长动力。

随着时代的进步与发展，企业创始人文化的自然进化也伴随着文化要素在企业经营管理过程中作用的提升。广州市工商联主办的“新穗商班”便是一个生动的例证，该项目以企业文化的基因传承为核心目标，将众多民营企业的第二代接班人组织起来进行培训和培养。通过这种方式，这些未来的企业掌舵者能够更好地掌握并善用企业文化基因和竞争杠杆，引领企业实现持续健康的发展。

综上所述，企业文化基因的再编辑与传承升级是一个不断适应时代变化和社会需求的过程。通过推动创始人文化的多元化与团队化、常态化地引入新文化基因以及加强文化传承与培训等措施，企业能够不断完善自身的文化基因结构，提升对外影响力，并为持续稳健发展奠定坚实基础。

---

① SaaS：这是一种软件交付模式，其中软件作为一个服务通过互联网提供给用户使用，用户无需购买、安装或维护软件。

# 第六章

# 文化杠杆：企业竞争的必备高级武器

除了创始人文化和创始人所奠定的企业初始文化基因，文化本身在企业中也扮演着举足轻重的角色。作为一种差异化的市场竞争手段，文化被赋予了杠杆效应，成为企业在日常商业实践中广泛应用的工具。

在向消费者传递文化理念、引导消费者行为的过程中，这种文化杠杆能够发挥出以小博大的优势，成为企业推动增长的关键手段之一。那些成功输出自身文化价值观的企业，不仅展示了更为成熟和高级的企业形象，也证明了它们具备娴熟运用文化杠杆的能力。因此，可以说，掌握文化杠杆是企业竞争进入高级阶段所必备的武器，也是企业实现持续增长的重要支撑。

文化杠杆可以通过广告发挥作用。

在企业增长的过程中，文化杠杆发挥着不可或缺的作用，而广告作为文化传播和商业竞争的重要媒介，是文化杠杆发挥作用的基础表现。借助广告，企业能够向消费者清晰传达自身的价值主张，塑造独特的品牌形象，进而影响消费者的购买决策。

在广州，好迪和王老吉这两家知名企业就通过广告成功地将文化转化为市场竞争的利器，实现了企业的迅猛增长。

好迪，这家崛起于20世纪90年代的日用化妆品企业，凭借“大家好，才是真的好”这一深入人心的企业理念，通过多元化的媒体传播渠道，成功影响了消费者的心理和选择。这一广告文化不仅准确传达了好迪“好而不贵，真的实惠”的产品定位，更引领了当时的市场潮流，使好迪迅速成为日化领域的国产驰名品牌。

广东凉茶饮料品牌王老吉，在面对市场认可度不足的挑战时，巧妙地运用文化杠杆，以“怕上火喝王老吉”为核心广告文案，将降火功效与品牌紧密绑定。这一策略有效激发了消费者对中成药调理滋补的文化共识，使王老吉凉茶不仅成为广东地区的特色饮品，更在全国范围内被推广为一种普适文化理念，带动了企业的爆发式增长。

综上所述，无论是好迪还是王老吉，它们都通过广告这一载体，成功地将文化转化为市场竞争的强大动力，实现了企业的快速增长。这也充分证明了文化杠杆在企业增长过程中的重要作用。

文化价值之争可能超越产品功能本身。

当下商业竞争日趋激烈，在各个细分领域，企业面临着近乎饱和的竞争态势。文化杠杆作为引爆企业增长的差异化竞争手段，其重要性愈发显著。企业不再仅依赖产品功能和服务流程来寻求差异化，而是更多地转向塑造文化价值主张，以在消费者心中引发广泛的认知共鸣，并最终实现商业价值的转化。

以餐饮行业为例，周黑鸭、绝味鸭脖等品牌曾通过先进的包装技术和气体调节技术延长产品保鲜期，但这些技术很快被其他品牌模仿和应用，差异化优势迅速消失。同样，酸菜鱼行业也经历了从产品功能差异化到品牌文化价值观竞争的转变。太二酸菜鱼、江渔儿等品牌通过强大的品牌运营能力和渠道布局建立了一定的竞争壁垒，但随着供应链标准化的普及和街边小店同质化产品的涌现，品牌化竞争的优势也逐渐减弱。

在此背景下，文化杠杆的作用日益凸显。企业需要超越产品的核心功能性特征，提出与消费者消费理念、人生观和价值观相契合的文化价值主张。这种文化价值观不仅能引发消费者的共鸣和认同，还能为消费者带来情绪价值上的满足。只有这样，企业才能在激烈的商业竞争中脱颖而出，实现爆发式的增长和增值。

文化杠杆的升级经历了从辅助手段到成为软实力的阶段。

随着商业竞争的加剧，文化杠杆的作用和价值不断进化迭代。从 1.0 时代到 3.0 时代，文化杠杆的角色和表现形式发生了显著变化，逐渐成为企业增长的重要引擎和品牌软实力的核心要素。

在 1.0 时代，文化杠杆主要作为创新产品的辅助手段，为消费者提供更优质的消费场景。此时，消费者需要适应和学习新的需求和服务，而文化价值的输出则作为一种辅助内容，帮助他们更好地理解和接受这些创新产品。

进入 2.0 时代，文化杠杆升级为以广告文案为代表的价值主张输出标签或精神追求目标。通过与消费者建立感性预期，文化杠杆形成了品牌差异化竞争的关键策略。此时，文化杠杆已经超越了产品功能性竞争的范畴，成为具有文化主张、内容和个性的品牌竞争手段，被视为一种重要的软竞争方式。

到了3.0时代，文化杠杆的作用进一步凸显，成为企业增长的真正动力。它不再是单纯的手段或策略，而是品牌软实力的重要组成部分。这种综合的品牌内容沟通互动方式，与消费者达成价值认同，成为商业竞争中的普及化手段。在这个时代，商业销售和服务行为更多地呈现出提供差异化文化消费服务的趋势，而非仅提供实体产品和服务。

同时，电商渠道的变革升级也反映了文化杠杆作用的演变。过去，电子商务渠道和线下实体渠道存在明显差异。但随着互联网电商大平台的崛起，渠道之间的差异逐渐淡化，而消费者之间的差异成为商业竞争的关键。在这个过程中，商业竞争的重点从卖商品转变为激活消费者的购买行为，进一步凸显了文化杠杆在商业竞争中的重要地位。

直播电商的崛起加剧了差异化消费趋势。相同商品在不同带货主播的介绍下形成差异化，消费者基于对主播的信任形成不同“派系”和“圈层”，实现商业竞争中的差异化。这种差异化已从商品和服务本身扩展到外部要素，如消费者、KOL和KOC的个人IP，进一步凸显了文化杠杆在商业竞争中的重要性。

当前，各行业领域普遍存在存量竞争，商业传播和沟通的内容，实质上是要与消费者建立一种“自己人”的感觉，强调信任在竞争中的重要性，揭示情绪价值在满足消费者需求中的关键作用。

## 第一节　香雪制药：高举中医药文化的大旗，引领大健康产业的蓬勃发展

广州市香雪制药股份有限公司（简称“香雪制药”），自1997年在原广州市萝岗制药厂的基础上崭露头角，始终坚守对中医药文化的热爱与信念。公司致力于中医药现代化，不仅成功跻身拥有自主知识产权、自主品牌、自主创新能力的中医药现代化领军企业行列，还荣获国家级高新技术企业的称号。在新型中药饮片、中成药、功能保健品、生物医学工程、生命科学研究等领域，而且凭借深厚的研发实力和前瞻性的战略布局，持续推动大健康产业的蓬勃发展。

## 一、从单一到多元，中医药文化的集成与扩展

2010 年，香雪制药成功在创业板上市，这标志着公司发展历程中的重要里程碑，也是其扬帆远航的新起点。借助上市平台的强大动力，香雪制药凭借内生增长和外延扩张的双轮驱动战略，成功实现了从以抗病毒口服液为主导的单一品种感冒类中成药生产企业，向中医药大健康产业链全方位布局的华丽转身。

首先，香雪制药的足迹已经遍布全国，包括广东、北京、山西、四川、重庆、安徽、云南和宁夏等地，设立了 60 多家子公司，这充分展现了其雄厚的实力和宏大的发展愿景。公司积极投资兴建 GAP[①] 药材种植基地和 GMP[②] 生产基地，确保了药材的源头质量，并通过打造中药资源开发、新药研发创制、中药先进制造、现代物流配送的完整产业链，实现了全产业链的集成创新。香雪制药以数字化手段赋能中药产业，从药材溯源到生产流通，从质量标准到安全性评价，再到疗效评价，每一步都精益求精，树立了行业新标杆。

其次，通过资本投资，香雪制药的战略版图不断扩展。公司先后收购亳州市沪谯药业有限公司、广东化州中药厂制药有限公司、广东九极生物科技有限公司等优质企业，不仅丰富了自身的中药产品线，还延伸了产业链的深度和广度。如今，香雪制药已形成了以抗病毒口服液、板蓝根颗粒、橘红系列中成药及中药饮片四大产品系列为主导，保健用品、医疗器械及软饮料等有效补充的多元化产品体系，满足了人民群众日益增长的健康需求。

## 二、以文化为魂引领产业增长

在香雪制药的发展征程中，中医药文化始终是其核心价值和精神旗帜。公司深知中医药不仅是中华民族的瑰宝，更是全人类的健康财富。因此，香雪制药致力于将中医药的智慧与现代科技相结合，让古老的中医药文化在新时代焕发出更加璀璨的光芒。

在中医药大健康产业的版图中，香雪制药凭借其前瞻性的战略布局和深厚的文化底蕴，已成为行业的佼佼者。公司不仅积极布局上游中药材生态种植基

① GAP：《中药材生产质量管理规范》，Good Agricultural Practice，简称 GAP。

② GMP：《药品生产质量管理规范》，Good Manufacturing Practice of Medical Products，简称 GMP。

地、投资下游医药流通企业，还在中药饮片领域实现了“全产业链、全品类、全渠道”的“三全”目标，从而稳固了其行业领导者的地位。

香雪制药的中药饮片全产业链布局，涵盖了上游中药材种植、中游炮制加工、下游医药流通的每一个环节。在原料种植方面，公司依托宁夏隆德等地的中药材种植基地以及山西的连翘开发子公司，确保了药材的优质源头；在饮片加工环节，通过收购亳州沪谯药业、参股春光九汇等举措，强化了中游的加工实力；而在下游渠道方面，山西、重庆等地销售公司的建立，使公司产品快速触达消费者。

在全品类的构建上，香雪制药拥有中药饮片 1000 多个品类，包括传统饮片、超微饮片、配方颗粒等多种类型，满足了市场的多元化需求。同时，公司采用全渠道策略，使中药饮片能够通过医院、药房、工业原料和出口等多种渠道流通，实现了市场的全面覆盖。

香雪制药在整个发展过程中，始终高举中医药文化的大旗。这种对中医药文化的坚守与传承，为公司赢得了市场的尊重与认可，使其在中医药复兴的时代背景下找到了独特的产业生态位。围绕“中药现代化领军企业”的核心文化和价值主张，香雪制药在品牌传播、市场引导以及产业链配套布局等方面均取得了显著成效。

近年来，随着中药饮片被列入医保和国家基本药物目录，以及行业整体发展的规范化，中药饮片行业迎来了快速发展的黄金时期。数据显示，2022 年中国中药饮片行业市场规模已达到 2019.44 亿元，并有望继续保持稳健增长。这一宏观产业大势与香雪制药的核心价值主张相契合，为其未来发展提供了广阔的空间。

在中药饮片产业中占据重要地位的香雪制药，正借助文化杠杆的作用，以中药饮片为核心产品领域，引领着整个行业的健康发展。未来，随着人们对健康关注度的提升和对中药饮片认知的深入，香雪制药有望继续保持行业领先地位，为中医药现代化进程贡献更多力量。

# 第二节 正佳广场：文化创新引领，打造旅游式商业新地标

坐落于广州市天河区商务繁华的心脏地带，正佳广场四周环绕着历代商圈翘楚，面临着激烈的商业竞争和土地资源稀缺的挑战。为了稳固自身地位并持续领跑，正佳广场深知唯有不断变革与创新，方能突破重围。

在这场商业革新中，正佳广场巧妙运用文化价值的差异化策略，成功地从传统购物中心转型为集购物、休闲、娱乐于一体的旅游式商业综合体。这一转变不仅提升了正佳广场的综合运营效率，更使正佳广场回归商业服务的本质，即以人为本，以消费者为中心。这一战略性调整使正佳广场在竞争激烈的市场中脱颖而出，并成就了其全国范围内综合运营效率最高的“正佳模式”。

## 一、从购物中心到旅游景区的跨越式发展

面对商业地产运营同质化的竞争困境，正佳广场重新审视了自身的核心价值主张，并勇敢地踏上了变革之路。

正佳集团 CEO 谢萌认为，正佳广场正在创造与提供一种新的文化消费模式，最终将演化为消费者的一种全新生活方式。在他眼中，正佳广场所追求的是新商业文明，这并非简单的新零售概念，而是涵盖了新文化、新技术、新生活的综合体现。这也是谢萌始终坚持的新商业文明价值观。

这场变革的核心在于“转型”——将传统的商业地产运营模式转变为以消费者为中心的服务模式。尽管这一转变在业内被视作非传统之举，但正佳广场坚定地打破了固有思维，他们不再将招商作为唯一的核心业务目标，而是将服务对象直接转向普通消费者，用 2C（面向消费者，提供可以直接面向个人用户的产品和服务）的经营思维来升级传统的 2B（面向企业或商家，提供软硬件产品、解决方案或服务）招商思维。这场变革的关键在于将商业服务对象的关注点从传统的租金收入模式（2B 业务）转向“租金 + 票务衍生品”收入模式，更加聚焦于 C 端消费者本身（2C 的经营思维），他们将空间场所视为为用户提供消费体验的工具和载体。通过不断迭代升级自身认知，正佳广场成功打造起以“内容 + 场景 + IP”为特色的新商业模式，满足了消费者日益增长的精神需求。

于是，正佳广场开始重新定位自身价值和文化主张，将自己打造成集旅游和体验于一体的中心，致力于提供一个集生活与购物体验于一体的商业空间，让千万消费者和家庭在这个空间中留下足迹和时间，从而形成稳定的客流量。在品牌传播方面，正佳广场将自身定位为综合体验的场所，并以此为核心标签组织传播内容。这种差异化定位使正佳广场在商业地产运营领域中脱颖而出，成功跨界文旅产品和服务提供的领域。

2016 年对正佳广场而言是一个重要的转折点。当时，正佳广场提出了打造世界级文化旅游目的地的目标。谢萌认为，如果仍将天河路定义为商圈，那么其发展道路将变得狭窄。在线上几乎什么都可以买到，消费者何必还要跑到线下呢？谢萌不断升级自身的认知，决定将正佳广场打造成一个融合海洋馆、自然科学博物馆和剧院的超级旅游目的地，构建一个承载核心科普知识教育体系的场所。

这一变革的成功，本质上是一种文化理念的升级。正佳广场深刻认识到，在互联网电子商务迅猛发展的今天，单纯的商品售卖已无法满足消费者需求，他们需要提供更多体验和服务，吸引消费者在线下空间中驻足、流连。因此，正佳广场将自己定位为新型旅游景区，区别于以体验消费与简单购物为目的，这成为其差异化竞争优势的集中体现。

正佳广场的变革之路充满挑战，但他们始终坚持以人为本、以消费者为中心的原则，不断探索和创新。正是这种勇于变革的精神和前瞻性的战略眼光，使正佳广场在商业地产运营领域独树一帜，成为广东乃至全国引领商业潮流的佼佼者。

## 二、文化杠杆引领商业模式升级

广东，这片改革开放的热土，长期依托外向型贸易出口和内循环制造供给双轮驱动的枢纽型经济模型，享受着宏观政策红利。在这里，采用商业模式运营显得相对淳朴，但收租模式尤为盛行。然而，随着时代的演进和市场竞争的加剧，这种单一的商业模式已难以适应新的商业环境。

正佳广场，作为新锐商业地产运营商，身处广州天河核心商圈，周围商业巨头林立，升级商业模式、回归商业运营本质、重塑流量模式已迫在眉睫。上一代商业地产运营商的“躺赢”时代已结束，单纯依靠空间店铺的产品介绍和对外传播已不足以吸引更多租客。因此，正佳广场开始探索差异化竞争手段，寻求文化价值的提升，不再满足于传统的商业地产运营，而是致力于打造一个集商业消费与体验于一体的综合体。

为实现这一目标，正佳广场将商场转型为旅游景区，将自身身份从商业地产商转变为文旅产业领军者。这一看似不务正业的举措，实则是对文化杠杆的巧妙运用。通过提供独特的文化体验与旅游服务，正佳广场成功吸引了大量人流，为招商客户创造了巨大的商业价值。

正佳广场的这一变革不仅使其在市场中脱颖而出，更成为引领行业增长的新锐力量，充分证明了文化杠杆在商业模式升级中的重要作用。它以实际行动践行了“不做简单的商业地产运营，而是运营商业消费与体验的综合体”的理念。这一成功案例为广东乃至全国的商业地产运营商提供了宝贵的启示与借鉴。

商业竞争的升级永无止境，而文化作为推动企业发展的重要杠杆，时常成为企业崭露头角的关键。随着时代的进步和市场环境的变革，文化杠杆的内容和作用也在不断演进，引领企业走向新的辉煌。尽管文化杠杆在不同发展阶段的作用各异，但它始终是商业进化道路上不可或缺的要素，是推动企业不断升级、蜕变的强大动力。

## 第三节　奥飞娱乐：动漫之翼，翱翔儿童梦想王国

奥飞娱乐股份有限公司（简称“奥飞娱乐”），自 1993 年诞生以来，始终坚守着“让快乐与梦想无处不在”的崇高使命，并且已经蜕变成为中国动漫文化的璀璨明星，同时也是国内泛娱乐产业的佼佼者。在其发展历程中，2004 年是一个重要的转折点。在此之前，奥飞娱乐以传统玩具为基石，巧妙引进国外动画片，逐步稳固了市场地位。此后，公司则积极创新，开始大力培育自主品牌，这一战略举措不仅丰富了产品线，还进一步提升了奥飞娱乐在玩具市场的品牌魅力和影响力。如今，奥飞娱乐已经成为儿童动漫王国中的传奇，继续书写着属于它的辉煌篇章。

### 一、以自有 IP 的文化杠杆塑造动漫王国

自 2010 年起，奥飞娱乐便踏上了其独特的文化杠杆之旅。通过收购嘉佳卡通卫视，奥飞不仅获取了电视渠道，更成功布局了动漫全产业链，从而建立了

一个与终端用户和消费者直接互动的自助平台。此举不仅开启了自有 IP 内容的创作之路，更以动漫影视作品为媒介，向广大 K12（基础教育）用户传递文化影响，同时实现了内容 IP 的现实收益转化。

进入 2013 年，奥飞娱乐进一步加速了泛娱乐多元产业生态圈的布局。以 IP 为核心，开启“IP + 科技”战略，初步布局 VR（虚拟现实）、AI 等领域，为新一轮的增长奠定了坚实基础。

奥飞娱乐的成功，源于其对“IP + 硬件”商业模式的深刻理解和实践。早在公司发展初期，奥飞娱乐就通过四驱车等玩具的销售，探索出这一模式的可行性。通过引进热播动画、举办竞技比赛等方式，奥飞娱乐成功地将动漫影视内容与玩具销售相结合，形成了一条简洁而有效的商业变现路径。

在内容方面，奥飞娱乐既注重自主品牌的培育，也不断通过收购整合外部优秀 IP，扩大 IP 资源储备，旗下拥有多个原创动漫工作室和精品 IP 矩阵，覆盖了全年龄段的用户群体。这些 IP 不仅具有广泛的用户影响力和品牌价值，还带动了更多品类玩具产品的研发和销售。

为了进一步巩固其在泛娱乐领域的地位，奥飞娱乐还进行了更大规模的 IP 整合动作。2015 年，收购“有妖气原创漫画梦工厂”，为奥飞娱乐注入了源源不断的 IP 孵化能力。这一举措不仅丰富了奥飞娱乐的 IP 资源，还为其泛娱乐生态的构建奠定了坚实基础。

如今，奥飞娱乐已构建起以 IP 为核心，集小说、漫画、动画、电影于一体的内容生态，以及横跨媒体、玩具、消费品、教育、主题乐园等板块的产业平台。在这个庞大的娱乐生态王国中，奥飞娱乐以文化杠杆为核心，通过广泛的内容产品布局和精品 IP 的打造，成为用户成长和日常文化消费的重要陪伴者。

总的来说，奥飞娱乐凭借对文化杠杆的深刻理解和成功运用，不仅塑造了动漫王国的辉煌传奇，更引领了泛娱乐产业的新篇章。

## 二、将动漫 IP 与玩具完美融合

在奥飞娱乐构建的泛娱乐王国中，影视作品与精品 IP 不仅为受众带来深刻的文化熏陶与影响，更直接推动了文化延伸消费的增长。这些深受用户喜爱的动漫形象和内容，通过线下精品玩具、形象玩偶等周边产品的热销，实现了从虚拟到现实的商业价值转化。这一转化不仅提升了公司的收益，更标志着泛内容销售模式的成功探索——将文化影视的软内容与精品玩具的硬内容相结合。

奥飞娱乐进一步利用基于不同 IP 形象和文化观念认同而形成的强关系网络，成功拓展了线上游戏业务及线下婴童游戏业务。这种业务扩张不仅拓宽了用户服务的范围，也丰富了服务品类，覆盖了从玩具到婴童产品等更广泛的用户需求。而这一切成功的商业变现，都得益于精品 IP 与影视内容的广泛传播，以及由此形成的文化共识与信任。

玩具产业与动漫产业的结合，在奥飞娱乐的实践中展现出显著优势。动漫产业所创造的游戏玩法、动机等要素，为玩具产业注入了新的活力，极大地拓展了实体制造业的发展边界。两者的结合不仅经济高效，更在虚拟与现实之间搭建起一座桥梁。

动漫 IP 在虚拟世界中构建的观念影响，通过玩具等物理世界的衍生品得以实现，让动漫形象更加深入人心，提升了动漫 IP 的价值。同时，动漫与玩具的双重吸引力——既具备动漫的魅力又兼具玩具的乐趣，有效提升了企业对核心用户群体的运营水平。这种提升不仅丰富了需求满足的层次，更强化了企业与用户之间的纽带关系。

在奥飞娱乐的泛娱乐生态中，动漫与玩具的完美结合不仅取得了商业上的成功，更在文化与用户之间建立了深厚的情感联系。这种联系使奥飞娱乐的商业生态更加稳固与持久，为未来的发展奠定了坚实的基础。

### 三、从内容传播到价值变现进行深度融合

文化在商业实践中扮演着重要的杠杆角色。它既是具体的内容产品，如影视作品，通过直接展示给用户来实现价值转化，又是强大的影响手段，在用户群体中传播内容、建立联系、促进互动。这种深度的互动有助于构建更为紧密的品牌与用户关系。当基于文化内容共识的信任建立时，消费者与品牌之间的隔阂便会逐渐消除，进而为多元化的商业价值变现途径——IP 内容变现、玩具销售、线下主题游乐园运营以及独立品牌的婴童产品推广等——铺平道路，使其变得自然流畅。

在国际舞台上，迪士尼娱乐集团堪称文化消费品牌中的佼佼者。它通过打造一系列具有高识别度和影响力的影视 IP 作品，成功塑造了一系列深受家庭用户喜爱的影视 IP 形象，如公主系列、汽车人系列、外星人系列以及动物系列等。这些丰富多彩的 IP 形象不仅丰富了迪士尼的 IP 库，还在不同类型、性别和年龄层面的用户群体中引发了广泛的价值共识和情感共鸣。通过销售相关周

边商品和提供游乐园实体体验，迪士尼成功地将文化输出转化为商业价值，从而巩固了其在文化消费领域的领先地位。

在实现增长的过程中，奥飞娱乐利用文化杠杆，通过不断创新内容、深化与用户之间的情感联系、实现商业价值的多元化变现以及积极拓展国际市场，成功地将文化的影响力转化为商业的竞争力，实现了显著的业绩增长。

## 第四节　总结：中国民营企业增长的生命线与竞争力源泉

在中国民营企业的成长历程中，文化不仅是伴随其生命周期的恒久要素，更是推动其持续发展的核心动力。从初创时期的创始人文化，到企业壮大后的协同合作网络，文化在企业的每一个阶段始终发挥着不可或缺的作用。

创业初期，企业文化的根基往往与创始人的个性化标签和特色紧密相连。这种独特的文化力量，虽然难以用具体的创意、资源或技能来量化，却构成了企业生命的文化基因密码。正是这一基因密码，为企业注入了最初的活力与动力。

随着企业的不断发展和壮大，其参与社会协同合作的网络也日益扩大。在此过程中，文化价值主张作为凝聚更大群体信任共识的基础工具，逐渐显现出其杠杆作用，这不仅有助于企业在更广泛的价值网络中稳固地位，更成为其竞争力的重要体现。

从宏观到微观，中国民营企业的起点在于文化，商业竞争的终极形态也归结为文化的较量。这一普遍规律既揭示了文化与商业的紧密关系，又强调了文化在推动企业增长中的关键作用。

在当今时代，随着科技的日新月异和市场的瞬息万变，文化在企业商业竞争中的作用愈发重要。从本质上讲，文化内容本身就是产品和服务的一种表现形式。因此，充分发挥文化杠杆的作用，已成为中国民营企业在激烈市场竞争中脱颖而出的关键。

### 一、文化价值共识成为竞争新核心

在今天的商业竞争环境中，互联网基础设施为数字经济构建了一个价值网络体系，使得信息互动更为流畅，边界愈发模糊。在这样的背景下，个体与个体、个体与群体、群体与群体之间的沟通互动变得前所未有地便捷。随着互动性的增强，信任共识这一新型商业竞争核心要素逐渐崭露头角。

信任共识作为商业竞争的本质要素，在构建过程中，文化的影响至关重要。这包括基础信息的互通有无，以及更高级别的文化价值主张等意识形态类信息的精准匹配。要实现这一切，加强和塑造企业与品牌在社会价值网络中的信任共识，文化价值主张的互动沟通成为最基础也是最关键的途径。

过去，企业主要通过提供具体的产品和服务来满足客户需求。然而，要维持和发展这种商业关系，仅仅依靠产品和服务是远远不够的。一种基于企业和用户之间信任基础的品牌战略，成为最大化企业价值的有效手段。随着商业竞争的加剧，简单的品牌战略也已无法满足企业与用户之间日益增长的沟通需求。新媒体沟通技术手段的普及，显著提升了互动沟通的质量和数量。在此背景下，企业与用户、品牌与社会的沟通互动逐渐上升到文化价值观层面的交流。

因此，文化价值共识在商业竞争中的作用愈发凸显。它不仅是构建信任共识的基石，也是推动商业关系持续发展的关键。

## 二、以文化价值共识赢取用户信任

实体产品是企业价值创造的基础，直接解决用户的具体需求。而文化内容产品则致力于构建企业与用户间的情感连接和信任共识，决定用户是否喜爱企业，是否愿意给予企业实现其产品价值的机会。因此，未来企业的核心竞争力将更多体现在能否与用户建立广泛的信任共识上。

在这种竞争态势下，企业需从单纯的产品提供者转变为与用户充分沟通互动的品牌，这意味着企业需要具备产出文化内容的能力，并输出具有自身核心标签特色的文化价值。

未来企业的展示方式也将发生变革。传统的产品展示将不再局限于功能性呈现或图文多媒体呈现，而更多通过消费者点评、生活方式展示等方式传达品牌个性和产品特色，更重视与用户建立信任共识和情感连接。这些表达将聚焦于企业与消费者间的品牌互动，彰显共同的文化价值共识。例如，在社交媒体上，消费者通过分享选择和生活方式来展示对品牌的认同，这种认同正是基于共同的文化价值共识。

# 第四部分 品牌：引爆增长的明灯

在消费文化高度发达的今天，每个消费细分领域都有不止一家服务商可以满足消费者需求。消费者在选择企业和产品时，最终都依赖于一个关键因素——品牌。可以说，品牌就是企业实现增长的天然明灯。

先来说说广东品牌的兴起。

广东经济从外向型经济崛起到内向型经济发展，经历了宏观和微观两条相对独立的发展路径。

首先，在宏观产业发展上，改革开放初期，外资引进推动了制造业工厂的兴起，使广东产业链融入全球供应链体系，占据制造环节的重要位置。随着服务制造业的兴起，广东逐渐获得更多自主性，自主创业激发了制造业小工厂的涌现。同时，传统制造业升级，推动日用消费品行业品牌产能爆发式增长。广东经济也从外循环模式升级为以内循环为主导的供给模式，涌现出众多制造业工厂和品牌。

在广州的核心商贸中心区域，如十三行、火车站、三元里等地，各类批发市场和二手交易市场构成了广州新商贸都市的基石。全国各地的客商汇聚于此，挑选各类工业制成品，并二次批发至内地市场，从而推动了工业制成品的二次流转。

从改革开放初期的简单加工起步，到第一批先进制造业企业孵化出的基础产业链，再到外循环服务能力与内循环增量市场的双向驱动，广东经济改革开放逐步形成了其基本发展路径。这奠定了珠江三角洲经济模型的基础，即以外向型贸易出口和内循环制造供给为双轮驱动的枢纽型经济模型。这一经济模型深刻塑造了珠江三角洲经济的底色，直接影响并决定了珠江三角洲民营经济的发展模式、商业实践及其外在表现，如商业模式、创业路径、发展观念和经营理念等。

与发达经济体的连接，珠江三角洲经济始终保持着与世界先进技术水平、服务理念及消费能力的对接通道。与此同时，与国内市场的供给对接，为珠江三角洲提供了从高维到低维的服务市场空间，蕴含着巨大的宏观套利潜力。

其次，支撑这一宏观发展路径实现的，是一条微观的产业自然扩散路径。早期改革开放引入的制造业产业转移资源，包括工厂、制造业流水线、先进管理经验和相关技术人才队伍等核心要素，在珠江三角洲得以深耕和横向扩散。这形成了珠江两岸不同产业特色的底色，即东岸以东莞、深圳为代表的电子信息技术，西岸以广州、佛山为代表的装备制造技术。

在微观层面，几乎所有的广东民营企业都与这一制造业产业辐射和延伸息息相关。从“三来一补”到代工生产，再到自主生产；从外商投资到独立创业；从订单加工到市场拓展，珠江三角洲的产业和企业受益于产业链的扩散效应，推动了广东民营企业规模发展的宏观趋势。

从宏观层面的外循环到内外循环，再到微观层面的一点辐射扩散，形成产业链生态体系，广东经济及民营企业形成了基本的发展格局和态势。其中，“外向源起导引辐射，内外双循环服务”的双轮驱动的枢纽型经济模型成为最大特色。

再来看看广东民营企业的品牌特色。

理解了这样的宏观经济模型范式，我们就能理解广东民营企业品牌发展的特色：品牌垂直和硬品牌。也就是说，其品牌更倾向于垂直 2B 细分，展现出基本特色，并且品牌的核心制造和贸易支撑更为强大，品牌属性偏硬。

首先，品牌垂直源于广东经济的外向型特征，其“确定”的市场和订单，以及定向的委托和转移制造生产的运作模式，为内地市场以产品批发为主的覆盖模式奠定了基础。这种模式带来了更多直接针对 2B 属性的商业模式的成功，意味着品牌在一个垂直细分领域或 2B 渠道市场领域，对特定群体的品牌影响力尤为强大。

这也导致外界对广东品牌的认知仍停留在传统的 2C 软品牌层面，未能深入理解其垂直化和硬品牌的特色。因此，在通用和大众品牌的舆论场上，广东品牌的“实力”和底色略显逊色。

其次，硬品牌是因为广东民营企业与世界先进产业接轨，在理念、技术、产品、服务等核心领域，产业起步标准较高，行业准入门槛也相对较高。尽管部分工厂规模不大或相对原始，但其制造品质符合全球最为严格的质量标准。

由于具备内外双循环服务的能力，无论是国际市场的外贸规模订单还是国内市场的批发规模订单，广东民营企业的品牌力更多体现在渠道力和规模力层面。这种实实在在的品牌硬实力特色突出。在某种意义上，渠道力有时甚至会超过品牌力，这已成为企业品牌的一种常态存在。

广东经济的核心底色及其品牌发展路径，由内外循环双轮驱动的枢纽型经济模型决定。品牌垂直和硬品牌作为其核心特色标签，进一步延伸出多种具体表现形式，形成了我们所能感受到的独特品牌特色。

第一，品牌塑造在广东企业中往往自然而成，无须过多雕琢。这得益于其突出的产品制造和渠道贸易能力，品牌往往成为这两大核心能力的自然代言。无论是外贸还是内批，广东制造凭借其简洁的商业模式，轻松实现商业价值最大化，品牌影响力也随之自然显现。

第二，广东企业品牌追求的是一精多专，单点突破。在拥有核心制造或渠道能力的基础上，通过精准的广告、商业模式、市场定位和技术主打等策略，实现品牌快速增长和品牌化升级。广东品牌不追求大而全，而是注重在特定行业领域的深耕细作，凭借产品核心优势自然形成品牌力，这是众多企业的基本品牌信仰。

第三，广东品牌展现出强劲的创新能力和高效的迭代进化。这得益于与世界先进市场的实时同步和各方面的紧密接轨。在品牌创新升级方面，无论是理念、实践还是创新层面，广东品牌均走在行业前列，勇于尝试并引领潮流。然而，尽管迭代进化高效，但持久性深耕品牌深度和广度的能力常常不足。

广东品牌在全球及中国市场均享有盛誉，是品牌硬实力的典范。内外循环双轮驱动的枢纽型经济模型，为广东品牌提供了坚实的硬实力基石，并决定了创新驱动的品牌进化之路的必然性。这也是众多广东品牌能够以独特的垂直化品牌标签存在的根本原因。

接下来，了解下广东品牌的升级和进化情况。

广东品牌的创新进化是其显著标签。不同时期，同一领域中的不同品牌以独特的方式亮相，品牌的迭代效率也同步攀升。以日化美妆领域为例，20 世纪 90 年代，广州好迪以“大家好，才是真的好”的口号异军突起，成为当时的时尚标杆。进入 21 世纪，韩后将韩风融入化妆品营销，引领新风尚。而在如今的社交媒体时代，完美日记借助小红书等新媒体平台，创新营销方式，成功引爆行业增长。这些品牌虽处同一行业，但在不同历史阶段下，它们采用了不同的品牌塑造模式，均在一定程度上为行业品牌塑造和升级提供了典范。

在更为具体的升级进化路径上，宏观层面表现为随大势变化而升级。品牌借助不同的宏观环境，采用不同的技术手段和营销传播方式，最终展现出具有鲜明时代特征的品牌形象。

而在微观层面，品牌升级的手段和手法虽然以创新为主导，但各自展现出差异化的特点。例如，完美日记充分利用小红书平台，韩后注重广告营销，钱大妈进行模式创新，比音勒芬实现精准定位，希音则打造平台生态。这些品牌的塑造方法百花齐放，不拘一格，并借此走上差异化的品牌塑造之路。

广东品牌的创新精神名不虚传，不仅催生了众多新锐品牌，更在不断革新品牌创新的手段和方法。在全新的思维逻辑下，它们探索出全新的品牌创新路径，始终保持品牌创新的先进性。

最后，再看看品牌升级和自有品牌两条路径的具体情况。

广东民营企业品牌塑造的核心特征，源于双轮驱动的枢纽型经济模型，这一模式自然衍生出两条不同的品牌发展路径或品牌战略动力来源。具体来说，一条是品牌升级，另一条是自有品牌，这两者分别对应着两种最为普遍和基础的商业模式。

其一，品牌策略源于制造转型升级。它遵循先有产品能力，再拓展渠道和市场，最后通过品牌差异化竞争手段加持的发展路径。这一策略起源于珠江三角洲地区作为世界工厂和制造业基地的地位，众多代工厂和加工制造企业从为别人制造逐渐转变成为自己制造，进而实现从 OEM 到 ODM（原始设计制造商）再到独立自主品牌的转型升级。

其二，品牌则由贸易型企业的渠道代理发展而来。这种模式下，企业先有渠道和市场资源，再推出独立产品，遵循贸工技的发展路径。这一模式同样源于珠江三角洲地区吸引的国际先进装备制造产品和消费产品进口代理销售企业，这些企业从协助他人销售产品，逐步发展到自己建立工厂生产自有产品，并最终实现从依赖他人品牌到拥有自己独立品牌的转变。

虽然这两种不同的业务起点——制造和贸易——最终都走向了独立自主品牌之路，但无论是在固有产品基础上进行品牌升级，还是利用原有渠道和市场优势推动渠道销售自主创新产品，它们都是品牌发展的直接路径，都是推动品牌实现快速增长的进阶之路。

# 第七章

## 品牌升级:广东民营企业的成人礼

当我们谈论一家企业时，往往以名字来称呼它。然而，这统一称呼的背后有一个先决条件，就是这家企业必须是一个品牌，否则它很难被世人知晓。即便它真的有一家企业的名称，但要让一家企业进入大众谈论和认知的范围，它必须拥有品牌，而不只拥有一款产品。只有当企业品牌和产品品牌都具备时，这家企业才具备被大众认知和谈论的基础条件。

在企业整个发展和生命周期，如生存、发展、成熟、领军等各个阶段，品牌都发挥着关键作用，特别是在发展引爆阶段，其作用尤为突出。通常情况下，企业在解决了生存问题后，会面临一个发展的选择：是继续停留在生意和生存的发展阶段，还是进一步引爆增长，找到杠杆力量实现阶层的跃迁。这时，无论选择将战略落实到何种业务方向和聚焦点上，品牌战略都是必不可少的。拥有一个独立品牌是企业走向发展跃迁之路的重要标志。

此时，无论战略聚焦于何种业务方向，品牌战略与拥有一个独立品牌都是必经之路。品牌发展不仅是企业迈向发展跃迁的重要标志，更在事实上构成了企业发展的“护城河”和差异化竞争的关键手段。品牌不仅能直接影响市场，带来增量和信任度，更能够浓缩并承载企业的对外形象与核心特色。品牌的作用持久而确定，能跨越企业生命周期的各个阶段：

| 发展阶段 | 生存 | 发展 | 成熟 | 领军 |
|---|---|---|---|---|
| 核心聚焦 | 产品、业务、文化、创新 | 创新、品牌、渠道、联盟 | 规模、联盟、管理、品牌 | 管理、文化、创新、联盟 |

品牌作为企业跃迁的重要标志，意味着其升级发展是必选动作。关于品牌升级，大致可分为传统制造业、成熟行业以及新品牌创业三种不同场景和类型。

第一，传统制造业中，多数广东民营企业以代工生产起步，主要解决制造能力问题。企业积累一定行业经验和资源后，会选择品牌升级，建立独立品牌，实现从代工到品牌发展的转变，例如茵曼。

第二，在成熟行业中，品牌升级常被作为差异化竞争手段。面对同质化产品，企业需建立差异化的品牌认知，这要通过放大品牌特色来实现。这种升级方法在不同历史阶段都适用，技术变革和消费升级都会催生新的差异化品牌竞争手段，进而产生相应的升级策略。

以日化行业为例，20 世纪 90 年代的好迪通过广告文案广泛传播，成为知名品牌。而在互联网新商业时代，完美日记则利用社会化媒体，借助 KOL 和 KOC 的营销策略，从众多美妆品牌中脱颖而出。

第三，在新品牌创业领域，许多传统行业通过重塑品牌形象等商业模式，创造出创新品牌，这是品牌不断涌现的另一种方式，也是品牌升级迭代甚至革新颠覆的关键手段。例如，在餐饮行业，点都德对传统粤式早茶的经营模式进行创新和发扬，钱大妈则对传统生鲜零售模式进行革新，它们都在品牌创新和迭代上展现了独特的魅力。

| **品牌起点** | 传统制造业 | 成熟行业 | 新品牌创业 |
|---|---|---|---|
| **基本内容** | 无品牌到有品牌 | 品牌差异化手段 | 品牌创新迭代 |
| **具体案例** | 茵曼 | 好迪、完美日记 | 点都德、钱大妈 |

总体而言，品牌升级之路多种多样，可以是从无到有，从有到差异化，也可以是从传统到创新的迭代升级。不同的出发点决定了不同的升级策略和路径，这使得品牌升级的普遍适用性更为强烈，其作为企业生命周期关键节点的特征也更为突出。

企业的品牌升级通常始于从生存到发展模式的跃迁，随后伴随企业全生命周期的升级迭代和进化。差异化竞争、品牌迭代升级以及品牌内涵外延的拓展，最终形成了独特的品牌文化输出，使品牌从传统的产品和业务层面脱离，进化为社会公众文化品牌。这一过程始终贯穿于企业发展的始终。

# 第一节　比音勒芬：从渠道入手逐渐找到客户

比音勒芬是广州的一个男装品牌，由谢秉政于2003年创立，专注于高尔夫球运动服饰和休闲服饰，门店主要设在机场、高铁站、球场及购物中心等地点。2016年12月，该集团在深圳证券交易所上市，被誉为国内“高尔夫球运动服饰第一股”，并在股市中获得了“衣中茅台”的赞誉，显示出资本市场对其增长潜力的看好。

## 一、找对渠道实现品牌升级

关于其服饰风格，网络上有种说法是“谁穿谁中年，谁穿谁资深”。然而，回顾比音勒芬的品牌发展之路，有两个核心选择对其增长起到了关键作用。

其一，比音勒芬找对了渠道，这体现了“渠道决定客户”的理念。在创立品牌的2003年，市场上的大众男装品牌已经层出不穷。如果采取普通的品牌策略，仅仅依靠质量和性价比来打造品牌形象，必然陷入激烈的市场竞争。当时，比音勒芬明智地将自己定位为高端男装品牌，目标明确地锁定那些早期富裕起来的企业家，希望成为他们男装消费的首选，这不仅是他们的唯一目标，也是品牌升级战略的核心定位。

二十年前，为了吸引具有购买力的中年男性，选择合适的开店地点至关重要。商场？那里通常是男性带着家人一起逛的地方，注意力容易分散。街边？很多人开车上下班，往往忽略了街边的店铺。因此，比音勒芬选择将大量门店开设在机场。机场作为一个天然的商务场所，恰好符合该品牌目标客户群体的需求。这也是许多成功学书籍选择在机场书店销售的原因。

截至2021年，比音勒芬在全国的大型机场共开设了69家直营门店。而当时，全国的大型机场数量大约只有60个，这意味着，几乎在全国每个大型机场都能看到比音勒芬的店铺。此外，比音勒芬还在高尔夫球场和五星级酒店开设了门店。通过精准选择例如机场这样的渠道，其定位高端商务人士必经生活场景的渠道策略，直接提升了自身的品牌形象。

其二，比音勒芬通过给品牌贴上精神标签，即打出高尔夫服饰品牌的招牌，成功塑造了独特的品牌形象。尽管被誉为高尔夫服饰第一品牌，但实际上，在高尔夫圈子内穿着比音勒芬的人数并不多，据统计，公司的 VIP 客户中，高达 78% 的人并不打高尔夫球，或者仅仅在球场进行过练习。

为什么比音勒芬仍坚持将品牌定位为高尔夫服饰呢？这是因为，正如每个男孩心中都有一个奥特曼，每个女孩心中都有一个芭比娃娃，比音勒芬的目标客户群体——企业家和精英商务人士，每个中年男性心中也大概率存在着对高尔夫球的向往。尽管比音勒芬的真实客户并不一定是高尔夫运动者，但他们与高尔夫运动者共享着企业家或精英商务人士的标签。即便穿着比音勒芬的他们未曾真正踏足高尔夫球场，但在内心，他们仿佛已置身于那片绿意盎然的球场，这种消费场景体验感的营造，无疑为品牌增色不少。

通过两个方向的操作——遍布机场的零售店直达目标人群的消费场景，以及将高尔夫运动的精神标签融入品牌，比音勒芬与高尔夫运动建立了紧密关联，从而确立了其高端男装品牌的明确定位。

在精准的品牌定位策略和高效实践的支撑下，比音勒芬在国内中高端男装市场中地位已稳固。截至 2023 年，它在国内拥有 1100 家专卖店，并受到中高端人群的广泛认可。据估计，其在国内的市场容量为 1500—2000 家专卖店，若以保守的 1500 家计算，结合其平均开店速度，未来 3—5 年内仍有增长空间。

## 二、上市和收购扩大品牌升级层面

在享受品牌升级带来的红利后，比音勒芬于 2016 年成功上市，成为国内“高尔夫球运动服饰第一股”。在意识到高尔夫球服饰市场的局限性后，比音勒芬于 2018 年 8 月推出了 Carnaval de Venise 威尼斯品牌，开启双品牌运营，进军度假旅游服饰市场。2019 年，比音勒芬通过公司产业基金投资了 Urban Revivo，即快尚时装（广州）有限公司，持股 2.7%，也将其品牌影响力拓展至更广泛的快时尚领域。

在品牌升级的更广泛层面上，比音勒芬迈出了重要的一步。2023 年 4 月，比音勒芬宣布收购两大国际奢侈品牌——CERRUTI 1881 和 KENT&CURWEN（肯迪文），获得了这两个奢侈品牌的全球商标所有权，从而进一步完善了集团的品牌矩阵。在随后的二十周年庆典上，比音勒芬集团董事长谢秉政先生发布了新十年的战略目标，即坚持多品牌矩阵的核心战略，推进国际高端化进程，正式与国际奢侈品集团展开竞争，致力于为国人提供更多高品质、高品位的着装，与消费者共同创造更美好的生活。

CERRUTI 1881 是由被誉为“意大利时装之父”的 Nino Cerruti 创立的，是意大利服装中新古典主义的代表。而 KENT&CURWEN 则是拥有近百年历史的英国正装品牌，最初主要为英国上流俱乐部会员以及牛津大学和剑桥大学的师生提供领带产品，花色品种有 3 万多种。随着时间的推移，其产品线逐渐扩展到男士西装、礼服、配饰以及运动休闲服饰。截至 2022 年底，CERRUTI 1881 拥有 46 家门店，而 KENT&CURWEN 则拥有 55 家门店，这些门店主要集中在中国市场。业内专家普遍认为，作为中国高尔夫服饰领域的领军品牌，比音勒芬是 CERRUTI 1881 和 KENT&CURWEN 理想的传承者，同时这一收购行为也为正在寻找公司第二增长曲线的比音勒芬带来了意外的惊喜。

## 三、加大品牌品类实现多元化发展

在品牌品类覆盖上，比音勒芬既向下对接快时尚的广域市场规模，又向上收购国际百年服饰品牌，进一步扩大了高端品牌的受众群体并增加了风格多样性。横向和纵向的品牌拓展与升级之路，比音勒芬仍在不断加力推进。

与此同时，比音勒芬的业务进一步向多元化发展，并在数字化策略上做出显著调整。2020 年 3 月，比音勒芬在投资者互动平台上透露，公司已与多家 MCN 机构商讨合作网红业务，也在内部培育网红主播，并推出了线上直播、小红书种草、抖音短视频、微商城小程序等新型零售营销方式。除了开设天猫旗舰店，比音勒芬还投资了小程序 SaaS 软件开发商柚安米科技，以助力公司开拓社交电商渠道和社交流量资源，对现有销售渠道形成有效补充。

为了更好地把握市场机遇和满足消费者需求，比音勒芬与腾讯智慧零售商签订了战略合作协议，双方在智慧门店升级、私域流量运营、商品生命周期管理等多个领域展开了深度合作。这使比音勒芬能够高效连接用户、建立数字资产，并实现数字化运营。除了零售端的升级，比音勒芬在产品研发方面也具备显著优势。目前，该集团拥有中、英、意、韩四国设计研发团队，并与 GORE-TEX（戈尔特斯）、POLARTEC、OUTLAST、东洋纺等国际知名面料供应商建立了合作关系，还在中、日、韩、越等地建立了国际化生产制作基地，还是国家高尔夫球队东京奥运会比赛服的赞助商。

在品牌不断升级进化的同时，比音勒芬也紧跟技术变革的步伐，在营销手段革新和数字化管理方面同步迭代升级。这使品牌升级战略真正落地，以业绩引爆增长的方式得以实现，而不仅仅是简单地在产品序列中增加一个新品牌。

根据比音勒芬2023年三季报，公司主营业务收入达到27.96亿元，同比增长25.67%；归母净利润①为7.58亿元，同比增长了32.17%；而扣非净利润②为7.25亿元，同比增长了35.86%。2023年第三季度，公司单季度主营业务收入为11.12亿元，同比增长22.04%，同时，单季度归母净利润为3.42亿元，也实现了22.8%的同比增长。这些财报数据充分证明了品牌升级策略以及相关品牌收购对业绩增长的直接正面影响。

## 第二节　茵曼：将棉麻融入时尚

茵曼是一个时尚女装品牌，由方建华于1998年在广州创立。起初，它主要是一家从事ODM服装加工业务的工厂，专注于外贸B2B渠道。然而，2008年全球金融危机的冲击使外贸市场遭受重创，茵曼也面临着巨大的转型升级压力。

在2008年的商业环境中，电子商务成为一个显而易见的发展风口。茵曼品牌应运而生，成功入驻淘宝商城（后升级为天猫），开始了B2C业务的发展路径，这标志着茵曼从代工厂向独立服装品牌的转型迈出了重要一步。

在当时的电子商务市场中，服装品类尚未成为主流。这是因为早期的线上消费观念尚未普及，而服装作为注重强烈舒适性和体验感的消费产品，通过几次鼠标点击就能做出消费决策，这对于许多人来说还需要一个认知上的跨越。然而，抛开这些不确定性，从长远的角度来看，线上数字世界的巨大商业空间使在电子商务刚起步就全力投入具有战略意义。

拥有一个淘宝店只是品牌升级的起点，茵曼品牌要真正成型和成熟，还需跨越多个关键阶段。

首先，突破销量关是品牌立足市场的基石。没有足够销量的支撑，再响亮的品牌名也只是空谈。消费者的认可才是品牌真正成立的根基，而销量是这种认可最直观的体现。茵曼早期全力投入淘宝电商运营，凭借电商淘品牌的红利，在2011年和2013年的“双十一”活动中，两年位居天猫女装品牌榜首，成功

---

① 归母净利润：在企业合并净利润中归属于母公司股东（所有者）所有的那部分净利润。
② 扣非净利润：净利润扣除非经营性损益后的利润。

与韩都衣舍、裂帛等品牌脱颖而出，在众多服装类淘品牌中崭露头角。

其次，突破销量关后，茵曼又面临产品关的考验。随着众多淘品牌的崛起，实现差异化的品牌策略成为关键。与韩都衣舍主打大码宽松风格不同，茵曼选择将品牌焦点放在棉麻这一核心面料上。棉麻是一种天然面料，轻薄透气、坚固耐磨，特别适合夏季穿着，具有透气、吸汗、不贴身等优点；抗静电，穿着舒适感强，深受消费者喜爱。茵曼坚持“棉麻”这一面料标签，不仅明确了品牌定位，也丰富了品牌内涵。

最后，茵曼还要过渠道关。作为一个起源于线上电子商务的女装品牌，茵曼在成功吸引线上消费者后，开始将渠道拓展至线下。从 2015 年开始，汇美集团就开始实施 O2O 战略，旗下“茵曼 + 千城万店”项目快速发展。截至 2015 年末，该项目已签约 163 家线下店，覆盖 23 个省市。

与此同时，随着线上渠道的不断变革升级，从淘宝到天猫，从阿里系货架电商到小红书内容电商，再到抖音等短视频电商、直播电商，茵曼始终坚守抢占红利的原则，率先投入，争夺服装品类新渠道的获客冠军，线上线下并行发展，支撑品牌业务的增长。

从抢占电商淘品牌的渠道红利，创立茵曼品牌，到以棉麻为产品标签，形成有效的消费者认知，再到实现从线上到线下的全渠道拓展，茵曼品牌逐步从淘品牌升级为具有特色标签的时尚女装品牌。茵曼品牌升级的每一步，都伴随着新的商业竞争手段的协同运用。茵曼品牌用更长的时间去不断积累和沉淀品牌的广度和深度，从而真正形成有价值内涵、有深度品牌影响的硬核品牌。2023 年，尽管经济大环境并不乐观，但凭借深厚的品牌积累和储备，茵曼依然实现了约 40% 的业绩增长，初步尝到了品牌升级带来的甜头。

## 第三节　广州餐饮：城市标签的时代承载

“食在广州”这一城市标签和城市品牌，在新的消费时代继续焕发新生，不断涌现出新的餐饮品牌，支撑着“食在广州”品牌的不断升级。

## 一、点都德：新时代粤式茶点消费品类

点都德，作为近年来适应新形势下的餐饮消费需求而诞生的品牌，主打特色广式茶点，已成为新时代广州早茶文化的新代表。相较于传统广州酒楼的早茶消费文化，点都德品牌带来了诸多方面的新升级与创新。

首先，点都德专注于茶点这一细分品类，从众多的粤菜餐饮品类中脱颖而出，独树一帜。它不走传统统称粤菜餐饮的路径，而是精准触达消费群体，适应了餐饮消费品类细分的新趋势。

其次，点都德打破了传统粤式早茶缺乏规模影响的局限。传统粤式早茶往往局限于精品老店，过分强调传统。而点都德则以大众化连锁的方式复兴粤式茶点，将门店开设在人群聚集的商业中心和核心生活社区，最大限度地接近消费者。此外，点都德通过滚动式经营，打破了早茶早市的局限，设置了更多消费时段，从而突破了传统早茶消费的种种限制。在微观层面，点都德选择了以4人小桌式为主的餐台模式，改变了传统大家族早茶文化的局限，更加适应当下小家庭以及年轻群体微粒化的组织结构模式，与时俱进。

最后，也是最为重要的，点都德作为新时代粤式茶点消费品类的代表，进行了真正的营销传播。特别是在年轻群体以及外地消费者群体中，要借助互联网内容营销平台来输出品牌文化和理念。通过新的媒体互动方式，与新一代消费者建立起沟通的渠道，从而真正扩大这种消费文化的影响力。

## 二、钱大妈：产品销售“日清模式”

而近乎同时期在广州兴起的另一个与“吃”相关的品牌——钱大妈，凭借一句“不卖隔夜肉”的口号迅速走红。它主打“新鲜”和黑猪肉两大卖点，成功抓住了消费痛点，并受到资本的青睐，迅速成为行业增长冠军。钱大妈官网显示，截至2023年2月，其门店数量已有3000余家。其中，超过1500家门店开设在广东省内，其他门店则覆盖了华东、华中、华北、西南等地区。

“不卖隔夜肉”的品牌初心逐渐演变成了业内独树一帜的“日清模式”。钱大妈的每个门店、仓库每日都将库存清零，而贴在门店显眼处的阶梯折扣信息早已在社区居民间口口相传。从广东到全国，落地30多座城市，“日清模式”帮助钱大妈在极短的时间内坐上了社区生鲜连锁的头把交椅。更值得一提的是，

钱大妈切实让辖区百姓实现了“生鲜自由”。

行业观察家普遍认为，“日清模式”本质上并非一种固定的模式，而是一种营销服务，是钱大妈超越行业普遍水平的经营理念的外化表现。钱大妈将广东饮食文化中早已根深蒂固的核心消费理念，通过“不卖隔夜肉”这一鲜明的品牌价值主张表现出来，迅速取得消费者的信任，从而异军突起。

综上所述，点都德和钱大妈的迅速崛起，体现了两者的一个共同之处，那就是在行业竞争日趋常态化、白热化的背景下，以全新思维理念确立核心价值主张的重要性。无论是通过线上内容营销触达新消费群体，还是通过传统线下社区门店植入消费者心中，它们都用全新的品牌价值主张在激烈的市场竞争中脱颖而出，实现了快速增长。

两者的另一个共同之处在于，都将广州消费文化最为底层和核心的因素，以创新商业模式的方式融入品牌内涵之中。这种从传统中汲取灵感，带来创新服务的方式，使它们赢得了属于自己的品牌高光时刻，充分展现了广式消费文化的宝藏价值。

## 第四节　总结：品牌升级的三部曲和两大关键

### 一、品牌升级的三部曲

第一，在品牌起步阶段，品牌需要拥有一个好名字、一个明确的定位以及一个针对当前阶段的发展战略。在这一阶段，品牌主要是一个名字的外部表现，尚显单薄，缺乏深厚的内涵。核心在于品牌名字能否很好地展现企业的战略视角，是否拥有独特的品牌价值主张或早前就已布局的品牌战略视角。企业的主体是短期的投机主义者还是长期投资的企业家，都在品牌命名中有所体现。

很多早期的一代国产品牌命名较为随意，尤其是在服装、家电等较早进入市场化竞争的领域，采用“外文”名字冒充国际品牌的“冒牌”策略相当普遍，这反映了品牌策略的不成熟。然而，如今的品牌如小米、小鹏汽车等，它们直接融入了创始人的 IP 概念，在品牌诞生之初就拥有了丰富的品牌故事。这些才是真正意义上的品牌化发展思维影响下的品牌。

第二，在品牌升级阶段，需要充实内容。通过深化品牌内涵，横向纵向拓展品牌价值，涵盖价值主张、业务能力、个性标签及规模优势等，将品牌的成长性、故事性及亲近性融入品牌命名中。

这些支撑品牌内涵的内容，形式多样。它们具体表现为消费者对你的品牌产生的记忆点或关键词，这些关键词可能围绕核心业务能力，如产品的设计美感、渠道的便利性、营销的创意等。同时，它们也可能涉及商业竞争的本质，比如通过模式创新（如 O2O）建立与消费者全方位沟通互动的全域渠道，或提出独特且广泛认同的价值主张（如新国货概念）等。内容的多样性为品牌升级提供了多种可能性，形成了多样化的品牌升级策略。

第三，传播和沟通贯穿品牌发展的以上两个阶段。对外内容传播让消费者了解品牌名称和内涵，形成品牌认知。在不同时代，品牌传播和沟通的方式以及所使用的载体、平台都有所不同。

传统媒体时代以广告为主，依赖4A 广告公司打造经典广告词，通过央视等渠道进行全覆盖。而新媒体时代则涌现出更多元的方式，如小红书上的 KOC 种草、抖音短视频的引爆效应、O2O 线上线下融合门店的渗透等。

在微观操作层面，品牌传播和沟通的方式也多种多样：可以是简单的广告推送，也可以是官方微博与消费者的深度对话互动，或者通过企业微信构建私域用户和流量池进行数字化营销运营。这些技术手段都能支持品牌从名字到内容、从单维到多维、从知名到驰名的进化过程，且这一过程是不断进行的。

总而言之，品牌 = 名字 + 内容 + 传播，这是品牌升级进化的基本公式，是每一个品牌诞生和成长的必经之路，也是品牌创立者必须掌握的基本技能。

## 二、品牌升级的两大关键

总结以上的成功案例，我们能够发现品牌在引爆企业增长过程中的两大关键：借势和支撑。

其一，品牌的引爆，关键在于找到恰当的时机点，并借势而为。这种势可能源自新技术变革带来的新机遇，或是对市场环境深入洞察后的发现，又或是社会理念革新变革的顺势。每当技术变革、社会变革、消费升级等关键节点出现，围绕消费市场主体要素的阶段性、革命性升级变化，为品牌升级提供了良机。果断抓住这些变革时机，投入其中，往往能催生一批新锐品牌，实现快速增长，这也是品牌杠杆作用最常见的体现。反之，通过观察企业是否能借势，可以判断其品牌升级策略是否具有科学性和合理性。单纯的硬升级并不可取，没有大势的支撑，即便投入再多资源，也难以实现品牌的跃迁升级。

其二，品牌的引爆，还需匹配相应的核心支撑力量。这种支撑可能来自产品创新，或是创意的独树一帜，或是模式的巧妙另类。品牌的引爆并非一蹴而就，而是一个系统工程。我们常看到一句广告文案引爆增长的成功案例，但往往忽视了这背后是配合和配套的系统动作，包括产品的创新、渠道的革新、理念的升级，以及人才资源的储备等。

| 品牌名称 | 借势：引爆点 | 支撑：品牌 + |
| --- | --- | --- |
| 比音勒芬 | 场景渠道大爆发 | 品牌 + 模式 |
| 茵曼 | 电商新渠道 | 品牌 + 产品 |
| 完美日记 | 内容营销新技术 | 品牌 + 创新 |
| 钱大妈 | 消费升级新环境 | 品牌 + 模式、品牌 + 文化 |
| 点都德 | 消费升级新环境 | 品牌 + 创新、品牌 + 文化 |

品牌升级本身就是一个系统工程，虽然广告文案的营销方式可以引爆增长，但真正的核心在于打造核心竞争力，并塑造与之相适应的品牌形象。品牌升级的系统性正是其能够发挥杠杆作用，但掌握这一奥妙的人并不多。

# 第八章
# 自有品牌：贸工技道路上的一场修炼

作为中国改革开放的前沿阵地，广东自改革开放起便初步形成了产业基础，该基础具有鲜明的地方特色和时代特征。早期，广东涌现出两类企业：一类是承接西方发达国家制造业外迁的工厂，利用廉价劳动力承担产业链中相对低端的制造环节，形成珠江三角洲工厂遍布的景象；另一类则是西方高端产品的代理商，成为西方高端消费和工业产品的销售渠道，融入全球商贸体系。

这种现实状况催生了广东众多的工厂和代理商，前者制造低端产品，后者引进高端产品。在此过程中，多数本土企业仅承担产业链中相对低端和简单的业务，缺乏话语权，“中国制造”和“中国市场”成为那个时代的代名词。

随着本土制造能力的提高和市场拓展，越来越多企业开始寻求业务和产业升级，从低端制造向产品端和品牌端迈进，从单一销售代理向产品设计、研发、生产和销售一体化转变，开启了中国制造第一次产业升级的序幕。这一产业升级的典型表现是，OEM 和 ODM 工厂推出自有产品品牌，建立独立市场，打造全链条业务；而曾代理国外产品的经销商则推出自有国产品牌，进行差异化竞争，满足更细分且增长的国内市场。

在珠江三角洲，以贸工技①、技工贸②为典型模式的产业升级如火如荼地进行。其中，华为是贸工技发展模式的成功典范。起初，华为作为国外网络路由器等通信产品的国内代理商，经过商业模式升级，掌握了自有品牌网络路由器和服务器终端产品。后来，凭借技术创新和市场拓展，华为成为全球通信器材综合服务商，并成功拓展至手机等消费类产品领域，实现了贸工技模式升级后

① 贸工技：指先做生意，实现一定的原始积累，求得生存，然后开发新技术、新产品，并进行销售，找到新的利润增长点。

② 技工贸：指先开发新技术、新产品，加工生产以后进行销售，获得丰厚利润。

的持续增长。如今，华为已成为中国民营企业的领军者，其贸工技发展模式升级之路吸引了众多行业企业追随，这些企业共同创造新的商业传奇。

## 第一节 声博士：驾驭声音的赢博士

广州声博士声学技术有限公司（简称“声博士”）由殷艺敏于 2008 年创立，是目前国内声环境技术研究和服务领域的龙头企业。公司专注于建筑及工业噪声控制、建筑空间声环境构造，专注于技术解决方案及产品研发制造，是声学领域具有全球影响力的科研型企业。

在十多年的发展历程中，声博士从代理国外声环境产品在国内销售的贸易型企业（2008 年以前），到创立声博士自有品牌，开始在国内研发和生产声环境相关产品，并专注技术研发投入，以声环境技术研发领域的核心竞争力，不断拓展自身的产品线和业务模式，成为垂直细分领域的龙头企业。2013 年，该企业更是拓展国际市场，成就了声博士品牌的大规模出海，如今已经成为真正的国际品牌。2024 年，声博士声学产业园投入使用，规模配套翻倍的现代化智能化产品生产线投产，而其在世界声学领域遥遥领先的、设计值为 -21dB 的声学实验室，填补了中国在该领域（负分贝实验室）的空白，更将声博士自身的声环境学领域的技术能力提到了一个全新高度。

### 一、创立独立的自由品牌

2008 年前，殷艺敏已在隔音板、吸音棉、隔音毡等声环境材料的贸易领域深耕多年，在这一年成功将国际专业品牌产品引入国内，满足音乐厅、影院等特定场所的隔音和声音管理需求，开启了他的创业之路。

当时，隔音材料主要应用于专业场景，客户群体相对较小，需求量也有限，因此早期创业进展相对缓慢。然而，凭借多年代理国外品牌的经验和对国内声环境市场的敏锐观察，殷艺敏逐渐意识到声环境市场正从专业小众市场向大众普及化市场扩展。然而，简单代理国外成熟标准品的业务已无法满足新兴市场领域的需求，产品供给的固定性和保守性成为核心问题。同时，代理销售的高成本和高规格也使其在国内新兴市场缺乏竞争力。

因此，殷艺敏逐渐明确了自有品牌、自主研发独立隔音材料产品、建立工厂和供应链体系，并以独立自主的产品拓展增量业务、实现品牌化运作的想法。于是，2008 年，声博士这一独立自有品牌应运而生。

声博士品牌的诞生，标志着殷艺敏创业道路上的重大转折。他带领的公司从传统的代理销售国外产品的贸易型公司转变为能够独立生产自有品牌产品的制造业企业，实现了从贸易到工厂制造的升级。

在声博士的起步阶段，殷艺敏和团队确立了专业化对标国际品牌的技术领先路线。他们采取双轨制策略：一方面，开展国外代工生产的 OEM 模式，用代工收入维持企业和团队的基本运营；另一方面，将自有品牌产品的业务收入和利润投入技术研发和增量业务拓展中，以此实现更大的增长。企业从依赖直接销售国际品牌产品获得稳定收入，转变为将利润投入工厂建设和产品研发生产，这一转变意味着企业开始面临更多挑战。团队规模也从精简的小工厂变为需要管理大量一线生产员工的大工厂。对于管理层而言，这看似是降级，但实际上是打造自有品牌的必经之路。

打破内部质疑和不稳定情绪的唯一方法，就是保持业绩的持续增长。声博士通过一次次业绩的突破，将每年的利润投入转化为真正的增量财富，让质疑者信服。实践证明了声博士选择自有品牌之路的正确性。

## 二、拓展产品线并升级业务模式

拥有自有品牌后，特别是建立起具备独立声学隔音产品研发设计能力的技术团队和制造工厂的供应链后，声博士不断拓展产品线并升级声学材料领域的业务模式，成功开拓了属于自己的增长市场。

首先，在产品线拓展方面，声博士从早期代工生产隔音板、隔音毡等基础声学工程材料，逐步转向自主研发更为集成型和复合型的产品，成功实现了从单纯销售材料到销售完整产品的升级。公司相继推出了隔音门及隔音舱等多个独立品类的创新产品。其中，隔音门凭借专业的声学技术能力，在民用、商用、工程用等专业领域市场得到广泛应用，相较于传统的专业音乐厅等小众场景，隔音门产品显著扩大了声博士的市场空间和覆盖范围。

隔音舱产品的研发，则是以满足各种细分功能需求为导向的又一力作。在标准化隔音舱产品的基础上，声博士进一步拓展其应用场景，为商务办公、会议接待等环境提供了能够隔绝周边繁杂声音的独立空间，深受商务用户青睐。

如今，隔音舱已成为大型商业楼宇和新兴互联网企业的标配，市场反响热烈，迅速成为公司的明星产品。随着更多元的功能需求被集成到隔音舱中，康养静音舱、办证静音舱、医疗静音舱、心理治疗舱等延伸产品也相继研发推出，并迅速推向市场，进一步拓宽了声博士的市场版图。

其次，在业务线升级方面，声博士实现了从材料供应到产品制造，再到提供一体化解决方案的连续升级。早期，公司主要生产销售隔音和降噪材料；随后，声博士独立研发了隔音门、静音舱等标准产品；如今，公司进一步拓展业务，提供声环境场景的一体化解决方案，涵盖大型影院、音乐厅的整体声学环境设计与施工，以及家庭影院、KTV 等商业场景的声学环境设计与施工等。通过这一系列转变，声博士已发展成为声学领域的全能型解决方案提供商。

从单一产品到多元化产品线，从有限业务到广泛业务拓展，声博士在短时间内实现了业务的飞速增长和企业的规模扩张，塑造了自有品牌的专业形象，并打造了核心竞争力，这正是自有品牌战略转型决策带来的丰硕成果。

再次，在技术方面，声博士本身拥有卓越的声学专业技术能力，成功吸引了大量高端客户，激发了专业声环境市场的巨大潜力，进一步巩固了专业品牌的坚实地位。在此基础上，声博士继续深耕专业声环境材料的研发与生产，并在通用隔音降噪材料的研发上取得了重要突破。

在核心技术手段上，声博士成功升级了隔音降噪的处理方法。传统的依赖空间载体、在密闭空间内利用声波反射吸收的方式，已被升级为通过声波对声波的波形对抗干扰，实现以声治声的创新技术，这完全颠覆了行业的传统核心业务逻辑。这一技术成果是与暨南大学等高校的科研团队联合攻关取得的，为声博士的声环境技术储备库增添了强大的后备力量。

此外，声博士还成功攻克了震动环境声音降噪处理的应用技术方法，并获得了相关发明专利的授权。这一技术已应用于高速公路等开放和通用场景，有效降低了噪声污染，为营造更宁静的生活环境作出了巨大贡献。

## 三、筑起声学专业技术的“护城河”

高起点的自有品牌打造之路，成就了超级硬核的声博士——这一博士级别的专业品牌。众多后来者也纷纷加入市场，开始仿制和模仿各类产品。然而，声博士凭借深厚的技术储备和制造能力，为自己筑起了坚不可摧的“护城河”。

这种核心竞争力主要体现在其掌握的声学专业能力，以及对市场需求的深刻洞察和一体化服务能力，一体化包括应用产品开发和解决交付等方面。

首先，在声学专业领域的能力方面，声博士深入投入声环境技术的研究中，与暨南大学、华南理工大学、同济大学等高等院校及科研院所建立了广泛的科研和人才合作。这不仅为声学环境产业应用的技术成果提供了转化应用的体系，还广泛引进了专业的声学和工程技术人才，充实了技术研发团队的人才储备。截至2023年底，专业从事声学技术研发的团队规模已达到80人，成为声博士雄厚技术实力的基石。

其次，在声学专业能力方面，声博士相较于从其他行业进入声学领域的外行，展现了显著优势。例如，有企业尝试从物理层面拆解声博士静音舱，用简单的木质材料仿制，却缺乏对产品数字化声学建模技术的掌握。在声学微观数字化领域，声博士能够给出专业的声学原理规划设计方案。这种专业能力的差别，使产品即便外观相似，在实际应用效果上也存在天壤之别。将专业能力融入产品的竞争力，为声博士带来了显著的服务优势。

再次，在一体化服务能力方面，声博士涵盖了声学环境产业的全链条，从前端技术研究储备，到相关材料和产品的设计能力，再到专业的声学数字化工程测试和施工交付体系。声博士已不再是单一的隔音材料销售企业，如今它拥有了系统化的专业服务能力，完成了贸工技的不断升级进化。

凭借不断提升的技术能力和水平，声博士产品在国内市场获得了广泛认可，并赢得了大量订单和市场份额。自2013年起，声博士带着丰富的声环境产品拓展海外市场，赢得了国际品牌的赞誉，并建立了多个区域中心市场的核心代理商。海外市场份额从零开始，经过超过十年的拓展和积累，如果市场份额是10份，那么如今国内市场和国际市场的比例已达到5∶5。这不仅是增量市场拓展带来的增长，更是声博士产品技术硬实力得到欧美等地区市场和客户的广泛认可，从而实现品牌影响力的重大提升。

## 四、数字化智能化引爆下一次增长

如今，声博士已展现出全面而复合的立体属性，企业核心竞争力日益增强。在产品线上，声博士覆盖了商业、民用、工程用等多个场景，提供系列声环境产品和解决方案，实现从基础材料到标准产品再到系统解决方案的全品类输出。

在业务模式上，声博士成功拓展海外市场，形成国内外市场双轮驱动。在新兴领域上，如家居隔音市场和汽车隔音市场，声博士也取得了产品创新，为新一轮增长赢得了主动权。

面对日益增多的竞争者，声博士凭借多元场景覆盖、全系列产品生产能力以及规模供给能力，已将潜在对手甩在身后。更关键的是，声博士已建立数字化、智能化声学场景环境运营模式，其专业声学问题解决能力更是独步前行。

声博士声学产业园区会在2024年投入使用，这可谓汇聚了品牌的技术与制造能力大成。负分贝声学实验室的启用，将技术水平推向新高度；多条先进的声环境产品生产线，为家居和汽车隔音市场的爆发做好了充分准备。完成贸工技企业发展模式升级的声博士，已构建了贸易、品牌、技术的综合能力，成为垂直行业的领军品牌。如今，它正向着更广阔的产业蓝海进发，期待迎来更大规模的增长。

## 第二节　成至智能：贸品技模式的新路

广州成至智能机器科技有限公司（简称“成至智能”）是新锐的创新企业，专注于智能安防服务领域。凭借在无人机载荷领域的科技研发实力，成至智能成功推出覆盖安防多个领域和场景的系列产品和解决方案，成为无人机智能科技大潮下的专精特新企业典范。

### 一、从无人机销售到开拓无人机市场

虽然是专精特新企业，成至智能的发展轨迹却与大多数广东民营企业高度相似，堪称其中的典型代表。公司创始人廖科文起初在广州电脑城从事电子产品销售，实现了职业生涯的阶段性突破后，决定独立创业。2014年，廖科文接触到了大疆无人机。作为曾是销售冠军的企业家，他敏锐地洞察到这款产品未来巨大的发展空间——在空间层面完成更多场景环境的作业，这预示着一个新兴且宏大的市场机会的到来。廖科文果断决定，全面转型代理这款产品，携手新产品开拓新市场。

成功获得大疆无人机广州代理权后，廖科文全身心投入无人机市场的开拓。早期客户对产品赞不绝口，购买时却犹豫不决，认为产品仅限于空中拍摄，实用价值未得到充分发挥。尤其是一些公安等政务客户，期待无人机在更多工作场景中发挥作用，但发现仅有一台无人机难以胜任，还需与辅助装备协同完成任务。廖科文意识到，要实现无人机的普及，载荷市场是关键突破口。他决心拓展业务边界，从简单的贸易销售转向更上游的产品和服务。于是，这家原本在电脑城代理销售电子产品的企业，开始招募技术研发团队，致力于无人机载荷设备的研发、生产和销售，全面押注无人机载荷市场。

然而，从简单商贸模式转向载荷产品的研发制造，这一决策让创业团队感到困惑。按照广东人的说法，放弃赚快钱，转而投入巨资做产品，并不划算。部分对企业转型感到不解的合伙人选择离职，甚至带走了销售团队的骨干，这种抗议最终演变成了商业竞争。

突发的变故并未动摇廖科文深入无人机载荷产品研发生产的决心，反而坚定了他打造自主品牌的信念。他立志在无人机载荷产品领域与大疆无人机、华为手机等民族品牌齐名。这一战略决策基于对市场现状的深刻洞察。无人机市场的迅速崛起为载荷产品提供了广阔空间，而短期内无人机厂商难以满足细分市场的需求，为产业链细分领域独角兽企业的诞生创造了机会。同时，市场也呼唤一个垂直细分的品牌来引领无人机载荷市场的发展。目前市场看似复杂多元，实则混杂混乱，简单改装装备的做法普遍存在，这不仅带来安全隐患，也阻碍了市场的规范化和健康发展。

## 二、不断发掘无人机载荷市场客户需求

廖科文认为必须有品牌厂商从行业发展角度出发，支撑并推动这一细分领域的进步。更为重要的是，廖科文对传统的代理销售模式感到厌倦。生意伙伴的离开让他意识到，贸易模式看似赚钱快，却充满了不确定性，品牌方的销售政策变化、核心员工的离职等因素都可能对业务造成重大影响。因此，他决心转型为品牌商，打造有产品、有影响力、有核心技术能力的品牌企业，这样不仅能更好地管理经销商，还能应对销售代理商的变化，是企业升级的必由之路。

成至智能不断发掘无人机载荷领域客户的真实需求，精准解决产品核心功能诉求，从而打造高效、智能的应用产品。

公司先后投入独立技术研发团队，针对更多产品应用场景开发定制化产品，如红外摄像头、机载探照灯、机载扩音喇叭（广东人俗称“大声公”）等，广泛应用于户外和警用安防场景，如人员搜救、罪犯抓捕等。

为满足紧急灾难救援中的持续供电和照明需求，公司开发了云台照明系列产品以及抛投设备，为受困人员提供持续的照明服务和救命物资，确保野外环境灾害抢险救灾工作的顺利进行，这成为挽救生命、避免财产损失的重要力量。

成至智能在国际上逐渐享有良好口碑，代理商遍布全球50多个国家和地区，以欧美国家为主，出口业务占据公司近半份额，成为真正的高科技国货品牌。

2020年，澳大利亚警方采用成至智能的MP130无人机喊话器产品，用于防疫社交距离宣传，并受到澳大利亚电视台报道。随后，欧美各国警察、消防等机构纷纷主动购买成至智能的产品，并在社交媒体上发布视频称赞其好用。优异的产品品质和对功能性场景需求的完美解决，使该产品迅速成为安防和警用市场的明星。

发展约5年后，成至智能的员工数量从30多人壮大至约270人，其中研发人员占比近六成。在载荷产品研发过程中，公司展现的微创新能力为行业解决方案锦上添花，让国际客户深刻记住中国品牌的独特标签。

在无人机喊话器产品中，成至智能不仅在声音效果上达到设计要求，还注重产品的重量和工业设计。产品既实用又美观，甚至被客户从无人机上拆卸下来，独立挂在腰间使用，开辟了连公司技术人员都未曾设想的功能用途。

在云照明系统的研发中，成至智能摒弃了传统发光光珠与反射镜面的设计思路，创新性地将摄像机的光学透镜技术融入光源载荷，实现了类似单反相机聚光效果的光源释放。这一设计使其能够在森林和矿山等复杂环境中实现精准、明亮且深远的光束照射，显著提升了载荷产品的性能，形成了独特的品牌优势。

凭借硬核的技术研发和产品序列，成至智能赢得了行业客户的广泛认可。从高新技术企业起步，逐步成长为广州市“两高四新”企业、广东省专精特新中小企业，并在2023年成功入围第五批国家级专精特新“小巨人”公示名单，每年均实现新的跨越。

随着国内外市场的快速增长，成至智能的现金流状况良好。2022年1—8月，公司营业收入同比增长49%，其中海外营业收入更是同比增长107%。

2023 年上半年，成至智能营业收入同比增长 54%，海外营业收入和研发投入均同比增长 108%。

成至智能的自有品牌发展取得阶段性突破，首轮品牌驱动的增长任务已完成。廖科文及其团队在酝酿更大的创新。在完成多个场景功能产品的自主研发后，成至智能将致力于数字化、信息化建模，以及安防、减灾、救援等场景中的数字孪生技术攻关，建立陌生场景下的数字孪生环境，为解决复杂场景问题提供更多支持，进一步提升工作效率。

## 第三节　汇美时尚：服装工厂到时尚集团的蜕变

汇美时尚由方建华于 1998 年在广州创立，起初是一家专注于 ODM 服装加工业务的服装工厂，主要通过外贸 B2B 渠道销售。这是当时服装工厂的普遍经营模式，对于从江西到广东打拼的方建华而言，选择一个成熟稳定的模式作为创业起点是明智之举。

然而，2008 年全球金融危机爆发，对广东的外贸市场造成了巨大冲击，订单量骤减，许多小服装工厂纷纷倒闭，方建华的服装工厂也面临着严峻的挑战。当时，他面临两个选择：一是继续压缩成本，以应对激烈的市场竞争；二是转型升级，创立自己的品牌，从制造工厂转变为服装品牌企业。

汇美时尚选择了后者，即抓住电子商务这一增量渠道带来的新商机，推出了时尚服装品牌茵曼，成功跻身独具特色的“淘品牌”行列，踏上了从服装代工厂向品牌服饰厂家升级的 1.0 之路。方建华的思考逻辑十分清晰：既然全球化大势带来了危机，那么全球化大势的成果——互联网电子商务渠道，或许就是危机中的转机。何不顺势而为，抓住这次机会，化危为安，逆势而上呢？

汇美时尚的品牌升级之路并未因茵曼的诞生而止步，而是继续丰富品牌内涵，使其成为具有坚实支撑的硬品牌。在品牌规模上，汇美时尚通过投资和独立孵化，推出了针对不同用户群体的“初语”和“生活在左”等品牌，初步形成了产品矩阵。在营销模式上，汇美时尚不仅继续抓住流量红利，拓展私域用户运营策略，还将线上品牌门店拓展至线下，实现了全营销网络布局，进一步提升了品牌的影响力。

经过这一系列操作，汇美时尚从服装代工厂成功转型为拥有丰富细分品牌的时尚品牌集团。其发展战略始终围绕拥有品牌、进入品牌竞争阶段展开，每一步都走得坚实而有力，实现了多次引爆增长与蜕变。

2023 年市场环境并不明朗，汇美时尚及其旗下时尚服装品牌凭借深厚的经营底蕴，依然保持着 40% 的复合增长率，远高于同行业平均水平，逆市翻红的业绩使品牌价值不断提升。

珠江三角洲地区众多的服装工厂是产业的重要支柱，但产业链中这些最基础、最底端的工厂，长期以来一直为各类时尚品牌提供制造服务，在产业链价值分工中付出多而收益少。这在中国产业发展初期是正常现象，国际分工的自然环境决定了这一现实，中国制造服务全球市场的格局也持续了很长时间。

然而，随着市场环境的不断升级，品牌化、规模化、差异化的升级策略成为关键。无论是汇美时尚从茵曼品牌起步，借助互联网电商渠道进行自有品牌升级，还是希音通过整合后端供应链、实现数字化升级以提升效率，都是品牌升级的不同路径，都体现了升级这一必然趋势。

在新的时代背景下，借助品牌杠杆实现业务模式和商业模式的创新升级，是推动新时代新一轮增长的必由之路。

## 第四节　总结：企业品牌升级跃迁的秘籍

当我们谈论品牌时，前提是这个企业或产品已经拥有了品牌。在同类产品和同类企业中，我们首先将那些拥有品牌的企业筛选出来，作为我们讨论的对象。

接着，我们可能会比较两个同样拥有品牌的产品，比如在电动车领域，雅迪和爱玛都是主流的电动车品牌，但两个品牌之间仍存在细微的差别。雅迪的广告标签是“更高端”，注重设计感和身份体验；爱玛的广告营销则聚焦于功能实用、续航时间长和价格实惠等方面。不同的消费者会根据自身喜好，在这些品牌营销内容中形成自己的消费决策。

在这个过程中，我们自然认为品牌具有相对性，它是比较的产物，也是市场竞争中最常见的形式。品牌竞争是更高层次的一个阶段，也是企业实现阶层跃迁最基础的一步。

## 一、自有品牌的进化

本书所说的自有品牌，主要是指那些原本销售他人品牌的贸易型企业，通过创建一个自有的品牌，来实现对销售产品品类的有效控制。从实际角度来看，这意味着企业获得了更多定价权，不再受品牌方代理政策的制约，同时掌握了最终价值决定权。

D2C[①] 电商模式拉近了品牌与消费者之间的距离，让品牌直接触达消费者成为基本趋势。一方面，这得益于互联网构建的品牌与消费者之间的沟通互动平台，通过垂直细分渠道和互动平台，实现品牌与消费者的直接互动、数据反馈和线上购买；另一方面，这意味着代理商和经销商等传统中间环节的价值地位在一定程度上被削弱。

当前，品牌价值链话语权的刚性需求与品牌与消费者互动的新商业趋势并存，自有品牌之路成为普遍的市场行为，也是相关企业必须选择的品牌升级道路。这种品牌不限于产品品牌，还包括渠道品牌和服务品牌。拥有独立品牌，直接与消费者沟通互动，并将产品和服务送至消费者面前，已成为普遍的消费意愿和刚性需求。

然而，拥有品牌只是第一步，将更多价值和内容注入品牌，形成有内容、有影响力、有价值的品牌，还需付出更多努力。在此过程中，选择垂直细分领域、专注独创技术、借助新技术变革、创新模式以及形成有效社群组织等方法手段，都可以成为品牌丰富内涵和实现真正品牌升级的途径。定位、技术、模式、用户等多方面的精准选择和有效决策实施，对于品牌的成功升级至关重要。

## 二、品牌升级的方向

在品牌升级领域，同样适用一个简单的道理：仅仅掌握制造环节，长期从事 OEM 和 ODM 的代工生产工作，一方面在商业竞争中准入门槛相对较低，难以形成稳固的核心竞争力和“护城河”；另一方面，由于缺乏对终端用户消费需求的深入理解，自然失去了核心的定价权。在产业链整体形势良好的时候，

---

① D2C：普通用户针对所用产品体验心得进行自主推荐，主要借助互联网进行互动推荐活动，并且通过推荐获得积分、消费券或现金的一种新型的电子商务模式。

或许尚能维持不错的收益，但一旦消费市场有所波动或有更多竞争对手涌入，没有品牌的代工厂的话语权便会迅速削弱。

正是源于产业链话语权的现实争夺和利益实现，品牌升级成为一道必选题。在技术层面，诸如直播电商的买手模式、C2M 定制模式以及一对一定制化消费体验逐渐普及，消费升级的整体趋势是产品和服务与消费者直接互动，从而更精准地满足消费者需求。

这种转变的目的，一方面，实现消费者与产品和服务提供方的直接沟通互动，解决信息传播的有效性问题；另一方面，品牌方通过沟通互动过程中收集的消费数据反馈和即时互动数据，为品牌营销的数字化、智能化提供原始的真实数据支持，进而推动后端产品和服务的迭代升级。当前，商业产业数字化建设日益成为标配，数字化、智能化企业运营模式日渐普及，进行品牌升级，使企业从制造产品的后端走向前台，与消费者直接沟通互动，这种改变是必需的，是每个企业需要遵循的新商业法则之一。

## 三、品牌升级借势而成

在实际执行中，品牌升级既是企业进化的必然要求，也是实现企业阶层跃迁的必经过程，都需要技术性的操作。这就要求企业科学决策、系统规划、持续投入并不断精进，以确保品牌升级能够真正引发增长的正向效应，而非只是投入资金却毫无收获。

前文已提及，品牌升级需要借势而为，无论是借技术变革还是社会变革的大势。每次新渠道的出现、新技术的普及、新消费群体的崛起、新消费市场的形成以及新宏观政策的落地，都是品牌升级变革的良机。抓住这些变革的机遇，进行品牌升级的决策是至关重要的。

例如，茵曼借助互联网电子商务的渠道变革，完美日记则借势互联网社交媒体的渠道增量，钱大妈利用互联网新商业 O2O 社区电商的落地，希音则抓住跨境电商兴起、全球消费需求同步的节点。新生可能遇到新机会，也预示着新品牌的诞生。在趋势变化过程中，抓住消费者认知迭代升级的机遇，无论是借助消费升级之势提升品牌高度，还是利用消费降级之势扩大品牌覆盖和影响的广度，所有变化的势都是品牌升级和进化的机会窗口。

# 第五部分 管理：引爆增长的里子

管理常被视作日常的基础工作，似乎在追求增长的过程中缺乏某种直接推动的力量。与常见的引爆增长方法不同，管理往往在企业运作的幕后发挥着关键作用，其核心目的是降本增效。

管理在企业增长中的作用，主要体现在以降本增效为核心目标，不断优化企业各类资源的使用，实现最佳的价值创造状态。在众多管理手段中，组织架构的常态化调整、人力资源管理以及对人与人、人与资源、人与工具之间关系的优化，对企业增长具有显著推动作用。这些手段能够实现引爆增长的效果。

要引爆增长，企业必须调整人这一核心生产要素，以及相关组织资源。这也是企业业绩增长的信号，生产关系的调整成为管理引爆增长的关键手段。

相比传统企业非标准化、人为不对称的初级管理方法，数字化和智能化的管理方式显著提高了整体管理效率。管理的核心在于优化生产要素之间的关系，特别是人与人、人与资源、人与工具之间的协调。在民营企业中，人治色彩浓厚，缺乏规范化的体制制度，是管理面临的主要挑战。新技术的进步为企业管理带来了新思维和新方法，如 OKR 工作法（目标与关键成果法）、KPI 工作法（关键绩效指标法）以及数字化协作平台、数据中台、智能大脑等，以数字化和智能化的方式，实现了企业管理业务的规范化、标准化和工具化。

从管理思维到方法手段，再到具体的支撑工具，都经历了巨大的变革和升级。这使管理在引爆企业增长方面的基础更加坚实，其作用和价值也日益凸显。

# 第九章

# 常态管理：让一个复杂机体有序起来

在商业领域，管理是一个宏大且广泛的概念，它无所不包，一切事务均可纳入其范畴。在日常经营中，管理虽在琐碎细节中被隐匿，却发挥着巨大作用，其涵盖的管理对象极为广泛。无论是企业运营中的人员、财务，还是日常琐事，如厕纸报销，抑或是重大的股权转让合同，都是管理的一部分。甚至在人这一要素中，也包括各个层级的员工，从基层到高级管理层，乃至具有股东身份的管理层。

在复杂的管理体系中，管理的作用在于提升效率、降低成本，从而引爆企业增长。与其他手段相比，实现这一目标需要更多要素的协同作用，经过复杂的协调过程。尽管管理过程复杂，其效果却是直接而显著的。

这种复杂与直接的双重属性，正是管理作为企业核心特质的体现。管理是直接关系到企业的命运和核心要素的内在因素。复杂、简单、进化，这三个核心关键词决定了管理手段对引爆增长的效果。

首先是复杂。企业管理需涵盖所有要素，确保这些多样化要素在复杂系统中依照高效的流程体系顺畅运作。这种复杂性源于管理要素的多元性，不仅涉及人员、财务、事务等基础分类，还涵盖具体业务模块，如产品、销售、品牌、文化等。同时，复杂性还体现在这些多元要素需要在庞大的系统中、不同的时空背景下实现高效匹配。企业决策者需在所有法人单位中进行会议决策，并跨越全球各地办公场景，进行业务部署与指导，这构成了一个极为复杂的管理系统。

其次是简单。尽管企业管理涉及众多要素，系统复杂且协调一致难度较大，但所有管理方法和手段都聚焦在一个核心目标上，即降本增效。衡量管理效果好坏的唯一标准就是能否实现效率的提升和成本的降低，进而推动企业实现价值增值。这不仅是管理的核心目标，也是企业核心竞争力的重要来源。管理正是通过这一简单而明确的目标，将复杂多元的要素有机串联起来，充分展现了管理学科的独特魅力。

最后是进化。这源于管理的多元复杂主体，其无所不包的管理内容会随着时间的变化而产生各种变化或进化。从宏观的时间维度看，时代的进步和科技的不断发展，推动企业创造商业价值的技术水平和工艺等不断迭代升级，进而促使管理手段和方法也随之革新。而在微观维度，一个具体的员工在其职场生涯的不同阶段，需要应对的管理策略也各不相同。从早期的培养培育，到中层的提拔和优选，再到高管的合伙人制度设置等，每一个阶段都需要不同管理模式来匹配。这种针对个体在不同人生阶段所需的不同管理模式的变化，同样属于企业大管理范畴之内。

综上所述，管理是复杂、简单、进化的。通过深入理解管理科学的复杂性，我们能够更好地实施管理细节，包括基础的人财事管理、升级的绩效目标管理以及持续的管理理念手段升级进化，这些都是管理引爆增长的重要手段和实现方式。

## 第一节　欧派家居：定制家居服务的巨无霸

欧派家居作为国内定制家居行业的领军企业，专注于个性化设计、研发、生产、销售和安装整体家居产品，涵盖整体橱柜、衣柜、卫浴和定制木门等。

### 一、欧派家居的业务和管理

1994 年，欧派家居起源于定制橱柜业务，并逐步拓展至全品类家居产品，如整体厨柜、衣柜、卫浴、木门系统、金属门窗及软装家具等，稳固了在家居行业的领导地位。

欧派家居率先在中国引入“整体厨房”概念，并从 1999 年开始大力发展经销商渠道，实现经营网络的迅速扩张。同时，公司不断从单一橱柜产品横向扩充至衣柜、全屋定制及门窗等家居消费品，纵深升级服务模式，从定制柜类产品扩展至提供整装全案产品和服务，不断拓展业务边界并提高服务能力。

在业务进化方面，公司分别于2003年和2006年进军卫浴和整体衣柜行业，实现品类多样化。2011年，公司启动“铸鼎计划”，将发展定位由中国整体厨房第一品牌转变为整体家居领导品牌。2014年，公司正式实施大家居战略并全力推广全屋定制。2018年，公司进一步拓展整装业务，加大与装修企业的合作力度，实现从产品到服务的全面化和系统化升级。

在管理升级方面，公司针对每一步业务进化，都制定了相应的渠道升级策略、组织保障体系、生产效率提升手段及品牌营销配合方案。通过不断迭代升级主体业务线，优化配套组织结构模式和管理模式，实现了业务前端的横向扩展和纵向扩展，以及管理后端渠道、组织、品牌、生产和联盟的匹配优化。在激烈的泛家居行业竞争中，欧派家居始终保持成本效率最高、品牌价值提升度更高，以及引领行业升级进化的地位，成为行业的领军和巨无霸企业。

| 核心业务 | 具体领域 | 演进过程 |
|---|---|---|
| 业务进化 | 产品层面 | 橱柜衣柜 →全屋定制<br>柜类→门类→全品类 |
| | 服务层面 | 定制→整装 |
| 管理升级 | 渠道组织 | 独立经销商、多品牌品类经销商、集成全屋定制门店、家庭装修渠道合作、整装品牌门店 |
| | 组织架构 | 垂直品类直营、多品类品牌事业部、区域或大家居一体事业部、整装品牌 |
| | 生产效率 | 工厂直供、区域布局、数字化升级、智能工厂 |
| | 品牌战略 | 广告穿透、跟进创新、效率提升、联盟整合战略 |
| | 联盟模式 | 经销商、大宗客户、设计师、家庭装修公司、整装企业 |

家居行业本身极为复杂，涵盖了装修和产品服务等多个方面。这一复杂性源于家居行业涉及众多细分领域的产品整合，从硬装产品如瓷砖、水管、电路等，到软装产品如沙发、窗帘等，无所不包。更为重要的是，每个细分领域都有不同的企业和品牌提供相应的细分服务，使得整个大家居行业呈现出高度分散的特点。

欧派家居从单品类产品——橱柜入手，开启了家居行业之路。经过不断的商业模式迭代和升级，公司成功地从单品类产品销售模式转变为整装大家居服务模式。无论是服务内容和层次，还是整体品牌影响和规模，欧派家居都实现了真正的增长突破，2021 年整体营业收入突破 200 亿元，成为大家居行业的领军企业。

那么，在这样一个环节复杂、产品多元、竞争激烈的市场环境中，如何持续迭代升级自己的商业体系，并跻身行业巨头之列呢？一个高效的管理组织系统至关重要，它涉及产品端、渠道端、品牌端、服务端以及管理端的完整支撑服务体系的构建。欧派家居近 30 年的实践经验为此提供了有力的答案。

## 二、欧派家居品类的三个阶段

欧派家居的品类发展经历了三个阶段：单品类时代、多品类时代和大家居时代。每一个阶段都显著推动了企业业务的跨越式增长，使欧派家居在与同行企业的竞争中获得了升维的竞争优势，进而实现了业务的多次快速增长。

在单品类时代（1994—2002 年），随着商品房市场的兴起，欧派家居伴随着现代家居制造业的崛起而诞生，开了我国橱柜工业化生产的先河。公司专注于定制橱柜品类，不断拓展零售、房地产楼盘配套等销售模式，使单品类业务逐步放量。截至 1999 年，欧派家居已在全国 100 多个大中城市建立了营销网络，代理加盟体系初具雏形。2000 年，欧派家居年销售额突破 1 亿元，截至 2002 年，全国专营商场数量已有 300 余家。

进入多品类时代（2003—2017 年），欧派家居紧抓地产行业高速发展的机遇，率先开始了品类拓展的征程。2003 年，欧派家居成立了卫浴事业部，进军卫浴行业。2006 年，又进军整体衣柜行业。2010 年，进一步进军木门行业，从而完成了橱、衣、木、卫四大核心品类的布局。此外，欧派家居还在 2010 年进军墙饰行业，并在 2017 年正式宣布进军整体软装配饰领域，为后续的大家居布局打下了坚实的品类基础。这一阶段也是欧派家居的快速扩张期，2007 年欧派家居年销售额突破 10 亿元，至 2011 年销售规模已达 22 亿元，2017 年销售收入更是达到了 97 亿元，同年，欧派家居成功在上海证券交易所上市。

进入大家居时代（2018 年至今），尽管地产景气下行，但欧派家居前期“全品类 + 多渠道”布局的优势开始显现。一是在品类端，尽管橱柜增速收窄，但衣、木、卫及配套品等新品类延续了快速放量的趋势，为公司的持续成长提供了有力支撑。2019 年起，公司还推出了“名牌计划”，进一步整合各类家居品牌资源，向家居一站式服务平台迈进。二是在渠道端，除了深耕零售市场，欧派家居还从 2018 年起正式进军整装新渠道，同时在精装浪潮下，大宗业务也实现了快速成长，多渠道策略进一步增强了公司的竞争壁垒。三是在品牌端，欧派家居陆续推出了下沉品牌欧铂丽和高端品牌 Miform，与主品牌欧派家居合力实现了更广泛的市场覆盖。2021 年，欧派家居的营业收入达到了 204.4 亿元，成为定制家居行业中唯一销售规模超过 200 亿元的企业，进一步巩固了其在行业中的龙头地位。

## 三、欧派家居核心竞争力聚焦

欧派家居在品类发展的三个阶段中，不仅在业务规模和品牌影响力上取得了显著的提升，也在产品业务和服务的丰富程度上实现了数量与质量的同步增长，成功实现了业务的快速增长。这一增长态势的核心支撑在于其高效的组织管理，包括产品端的品类扩张、渠道端的系统布局，以及组织管理体系赋能和人才供给支撑系统的构建。

欧派家居凭借“多品类协同 + 多渠道布局 + 强组织运营”的核心竞争力，成功构建了强大的产品及供应链优势，实现了迅猛发展并引领整个行业。

第一，在产品端，欧派家居自 1994 年起便开创了橱柜工业化生产，较早地完成了橱、衣、木、卫四大核心品类的布局。在大家居战略下，公司迅速完善厨电、软装等配套品类，使得品类布局更为完善，确立了强大的产品及供应链优势。公司运用高效的策略方法，如垂直细分领域产品、市场投资和收购等，扩大了产品服务的覆盖范围，并通过与头部品牌的合资合作，实现联盟协同，真正掌握了行业核心运作逻辑。

第二，在渠道端，欧派家居拥有家居品牌中最为广泛的营销服务网络，截至 2022 年底，旗下经销门店已达 7685 家。公司通过优选经销商、建立动态评估考核体系、不断迭代渠道模式等方式，实现了渠道的动态管控和升级进化。作为渠道驱动型行业，欧派家居深知渠道经销商的质量直接关系到品牌未来，因此在渠道策略的执行上，不仅精选经销商，还保持动态的评估考核体系，并根据市场环境的变化，不断迭代和升级渠道模式。

第三，在经销管理体系，欧派家居通过多方面工作为经销商赋能。首先，在源头把关上，公司严格评估经销商的经济实力、管理能力和服务能力，选择与当地龙头品牌合作的优质渠道资源，确保经销商执行力强、运作效率高。其次，在考核方面，公司秉承经销商树根理念，制定了包括千分考核机制、“10 + 1”欧派终端营销系统、双 50 理论、店面 4S 管理等在内的完备经销商管理制度，并成功执行，使管理体系与能力在行业中处于领先地位。再次，公司还积极赋能经销商，提供流量导入、营销活动支持、人员培训、经营管理等方面的帮助。例如，在疫情期间推出“护航计划”，提供免息授信资金支持，并调整收款政策，有效提振了经销商信心。

第四，在销售策略上，面对大家居消费环境的变化，欧派家居通过整家战略横向整合家居全品类，助力传统零售渠道提升运营效率。公司早在2018年就成立了欧派整装大家居品牌，在行业内率先推进整装模式。2021年底，衣柜事业部升级整家战略，推出29 800元高颜整家定制解决方案，引领行业销售模式升级。同年4月，公司推出“Starhomes 星之家”品牌，与欧派整装大家居品牌协同并进，共同开拓市场。2022年底，公司已构建“欧派整装 + 铂尼思整装 + 经销”三维度整装体系，通过“一站式服务 + 引流端助力 + 管理效能输出”高效赋能装修企业运营，形成了强大的市场黏性。公司整装大家居收入规模持续增长，占总收入的比例逐年提升。

第五，在组织管理体系赋能和人才供给上，欧派家居内部建立了完善的组织管理架构和人才培养体系，保障了组织的生命力与活力。同时，公司外部建立了扎实的加盟商管理制度，实现了源头把关、完备考核和积极赋能，确保了团队的战斗力与执行力。在每一次战略调整升级中，无论是从单品类到全品类的拓展，还是从销售模式到整装服务模式的转变，欧派家居内部组织架构都能快速适应并成功应对挑战，展现出高效的组织自适应性。

这一切的核心支撑在于人才体系建设。欧派家居董事长姚良松秉持开放的用人思维，吸引了众多行业精英加入企业，形成了开放包容的多元管理体系。通过引进不同行业的管理人才，欧派家居成功借鉴先进的管理经验，形成了一套完善的制度体系，将整个企业的管理水平提升到一个现代化企业制度体系的新高度，形成了正向循环的发展态势。

## 四、整装大家居与联盟模式

我国家居行业在多个细分领域市场格局较为分散，行业集中度有待优化。亿欧智库数据显示，2020年橱柜行业CR3[①] 仅为8.4%，欧派家居领先，志邦

① CR3：业务规模前三名的公司或业务规模前三名的公司所占的市场份额，也称为行业前三总量。

家居和金牌橱柜紧随其后，但单个企业市场份额均不足5%。衣柜行业方面，CR3为14.4%，略高于橱柜市场，但同样相对分散，欧派家居、索菲亚和尚品宅配名列前茅，头部企业的市场份额相对接近。相比之下，沙发市场的集中度稍高。2020年，沙发行业CR2①达到15.1%，其中，敏华控股占据9.5%的市场份额。尽管家居产品属于耐用消费品，客户消费频率低，但随着行业逐渐成熟和产品标准化水平提升，头部品牌企业在渠道、产品和跨界竞争等方面的优势将愈发明显，预计行业将逐渐显现马太效应。

定制家居领域未来市场集中度有望增强。随着社会经济的发展和消费观念的转变，家居行业正朝着高端化、定制化、个性化和智能化的方向发展，定制家居行业规模不断扩大。中商产业研究院数据显示，2017—2021年我国定制家居市场CR9②从12.1%提升至12.9%，呈现出波动增长态势。随着行业的发展，定制家居产品矩阵不断丰富，家居企业在整装渠道布局逐步深化，我国定制家居行业的集中度有望进一步提升。

我们应该认识到，整装大家居是家居行业的未来趋势，家庭装修渠道将成为关键筹码。整装以其一站式采购、高便利性及优质的售后服务为特点，正受到越来越多消费者的青睐。华经产业研究院数据显示，2017—2021年我国家庭装修市场总产值从1.91万亿元增长至2.85万亿元，其间CAGR③约为10.5%。尽管家庭装修市场已进入成熟期，但其庞大的规模和持续增长的趋势仍使家庭装修渠道对家居企业具有重要意义。

亿欧智库资料显示，2022年，知名家居企业纷纷开展战略合作与布局，部分家具制造业企业涉足整装整家业务。欧派家居、顾家家居、索菲亚、好莱客、志邦家居等公司均启动“大家居”战略模式，积极探索不同层面的变革与创新。这标志着整装大家居的战略模式正逐渐成为行业主流，企业在追求变革与创新的同时，也在积极寻求更广泛的市场影响力。

“整家定制”这一理念起源于家居企业，欧派家居率先提出并引领潮流，成为定制家居企业近期广泛采纳的热门战略。与此同时，知名家庭装修品牌如圣都、业之峰、东易日盛、尚层、星杰、朗润等也纷纷推出或全面转向全屋整

---

① CR2：行业前二总量。

② CR9：行业前九总量。

③ CAGR：复合年均增长率，即一项投资在特定时期内的年度增长率。

装业务。这种全屋整装模式以标准化为特点，通过标准化的产品运营思路实行材料集成和项目管理。

在全屋整装大趋势的推动下，欧派家居作为定制家居行业的领军者，深刻认识到行业即将迎来的重大变革，包括规模提升和全球化布局等新机遇。为在短时间内深度整合行业、提升头部集中度，欧派家居选择采用联盟模式，汇聚更多社会资源和合作伙伴，共同推动全屋整装大家居的发展，进而实现欧派家居的新升级。

因此，我们也应该认识到，欧派家居旗下独立整装品牌铂尼思采用“加盟形式”与家庭装修公司合作，将家庭装修公司附近的空间改造为铂尼思展厅，由家庭装修公司负责招聘运营人员进行展厅运营。在此过程中，铂尼思提供全方位支持，但服务主体仍以家庭装修公司为主。这种合作模式凸显了联盟合作的重要性，有助于加速整装大家居业务的发展。通过与装修公司合作，截至2022年底，欧派家居成功携手全国超过5000家装修公司，取得了良好的业绩。尽管如此，欧派家居创始人姚良松明确表示，公司无意亲自涉足装修领域。他强调，联盟共生是欧派家居的战略定位，而非直接参与装修业务。

2022年，欧派家居实现营业收入224.795亿元，同比增长9.97%；净利润达到26.884亿元，同比增长0.86%。无论是从战略还是业绩的角度来看，联盟战略的成功执行都为欧派家居提供了更多动力支持。

2023年，欧派家居计划以旗下欧派和铂尼思两大品牌切入整装领域，并与各地龙头家庭装修公司强强联合，巩固在整装赛道的领导地位。同时，通过欧派产品升级、品类融合和服务升级，为合作装企深挖竞争“护城河”。公司还将持续强化对合作装修公司在品牌、流量、管理和产品等方面的同步赋能，不断提升在装修渠道的核心竞争力，为消费者提供更全面的一站式装修体验。这种全方位的合作与赋能有助于适应C端消费市场的不断升级变化，形成更广泛、深层次、高度紧密的大家居服务生态体系。这已成为欧派家居新的使命和聚焦目标，旨在推动公司在下一阶段的跨越式发展。无论是渠道创新还是联盟共享，其最终目的都是实现企业创造最大化价值的核心目标。在大家居这个庞大的行业中，极致追求管理效率无疑是成功的关键。

在2023年4月28日召开的2022年度及2023年第一季度业绩说明会上，欧派家居董事长姚良松明确表示，公司无意涉足装修业务，也无意抢占渠道商的利润，之所以大力推进整家定制并加速切入装修渠道，推动经销商与装企合作，主要是为了帮助经销商更好地应对消费者需求的变化，共同迎接渠道变革给传统经营模式带来的挑战。

## 第二节 领英科技：智能制造工厂的效率革命

在传统观念中，管理常被划分为硬管理和软管理两大方面，即围绕机器生产的硬管理和围绕人的可变因素的软管理。这两方面共同构成了完整的管理体系，各自经历了进化升级，以实现效率的提升，进而达到提效降本的效果。

传统制造业正在经历数字化和智能化的升级，这不仅是基本的升级路径，也是推动企业增长的重要管理手段。领英科技在这方面尤为突出，将新一代信息技术应用于服装行业，成为智能化制造生产系统生态创新的代表。

领英科技采用 C2M 定制服装概念，创新了传统服装行业的模式，即实现了先下订单后生产的核心模式，这得益于一条完整的数字化和智能化制造业流水线。顾客通过手机输入身体数据和服装需求，形成原始定制需求，这些需求以结构化数据形式形成订单，在领英科技后台与大数据平台匹配、优化后，形成可交付给工厂的订单数据。订单数据以独立形式直接发送至智能工厂裁剪工序。智能订单流转系统综合分析各渠道信息，集中需求后分散下单至各工位，进行布料裁剪和材料准备。随后，用户订单 ID 在流水系统中形成，经历布料汇聚成成衣的过程，最后直接配送至客户。整个过程在一周内完成，生产出符合用户需求的精致衬衫。

在此过程中，数字中台发挥了关键作用。它从前端对照优化获客数据开始，通过在线智能化分配订单信息，并将任务数据动态存储至数据中台，形成不断优化的数据系统。这一系统在虚拟世界中构建了数字流水线。

此数据中台不仅提高了业务流转效率和精准匹配度，从而提升了生产效率，还通过精准匹配和大数据积累，减少了人工环节，降低了对工人的需求。智能分配和机器人的使用进一步优化了流程。

硬管理的技术提升不仅提升了生产效率，还降低了软管理的成本。单项技术进步和大数据的综合应用不仅提升了技术水平，更是管理环节效率优化的关键。这种技术进步驱动的管理效率提升成为制造业数字化和智能化趋势下的典型案例，为管理效率提升注入了强大动力。

## 第三节　希音：数字化生态体系的一网打尽

在硬管理领域，希音展现出了卓越的创新力。希音广泛应用新一代信息技术，实现了服装产业更深层次的产业升级。借助跨境电商市场的新机遇，希音通过技术革新，成功构建了一个面向全球的时尚服装供需大平台。在数字信息时代，希音充分利用信息技术和数字化平台，大幅提升了供需匹配的效率。

在前端，希音官网汇聚了众多分散在各大数字化、社交化媒体和自媒体渠道的 KOL 和 KOC，进行个性化营销推广，满足不同细分人群的需求。这种多元化的推广手段使各种风格和配色方案的服装都受到消费者的喜爱，进而形成订单。这些从多元媒体渠道汇聚而来的订单，在希音官网这一集中化平台上迅速形成集中化需求，并汇总成全球统一需求的最终订单总量。即使订单量最小化至几百件甚至几十件，希音也能迅速向后端供应链传达需求，将订单分配至位于广州的服装制造工厂进行生产和交付。整个过程几乎完全在统一的数据中台上自动完成，减少了人为干预。

在后端，即便是几百件或几十件的第一品类订单需求，也会根据平台上不同服装工厂，甚至是夫妻店作坊的实际接单能力，直接分配给更多工厂进行分散生产。三四天后，成品服装便能直接交付。服装工厂端的合作伙伴只需在手机上点击提交按钮，相应的产品验收和物流配送系统流程便会自然启动，这款服装产品便开始了其全球跨境之旅的交付旅程。

更多的服装订单需求，会独立组成集装箱或共享跨境物流体系，借助全球化的基础跨境物流系统，迅速交付到消费者手中，无论消费者身处冰岛的浪漫雪屋还是澳大利亚的阳光海滩。整个希音的跨境时尚服装供应链体系，经过多层管理流程的优化设计，实现了对整个产业链条和供应链条的全面和系统优化。

其中，最核心的是信息数据系统的架构。这一系统构建完成后，确保了高效运作，形成了一个高效和集中的数据流转中台，横跨整个服装生产、销售、服务的全链条。

在前端产品设计环节，希音充分利用互联网大数据和流行趋势语义分析，包括谷歌搜索引擎和自然语言 NLP① 技术手段的大规模应用。通过数据层面的分析，

① NLP：自然语言处理，是计算机科学领域与人工智能领域中的一个重要方向。

对流行趋势、设计师款式和流行元素等进行前期数字化虚拟验证。从众多流行元素和最终设计成品中，筛选出表现优秀的设计图稿，完成样品的上架销售预定。

在前端销售端，希音实现了需求订单从各种营销入口的高效集中汇总和自然归类。无论是来自希音官网和 App 的订单，还是各大社会化媒体的 KOL 和 KOC 带货订单，都直接指向产品数据库中的独立 ID 的单个 SKU（最小存货单位）产品。通过匹配不同的数字标签设计，完成了原始产品要素的数字化留存，并实现了业务订单向后端的流转。

在后端供应链层面，希音直接开放给更多独立服装工厂进行独立接单。根据各工厂的规模、擅长的服装生产品类以及质量水准数据等，进行后端供应链的绩效管理，这样能够满足各种类型服装产品的生产，并使各种规模体量供给能力的工厂信息得以匹配。每个订单汇总到数据中台后，系统会根据工厂的核心生产能力、风格标签等进行订单的自动打散和集中分配。

在后端，物流配送信息和订单管理信息始终伴随着订单，从产品需求形成到后端生产制造环节，随时被激活并触发下一个流程。在整个平台上，无论是前端销售入口的 KOL 和 KOC，还是后端供应链的服装工厂及其布料供应商，均能通过手机自动接单，并与物流配送服务商直接对接。这样，全业务流程无缝融入整个服务体系，实现第一时间接单和定期自动结算费用，所有信息数据流转均在虚拟数字世界中高效完成，无须人工跨时空操作，大大降低了成本。传统管理学中的人财物管理，无论其复杂性和多元性如何，在一个统一的数据中台体系下，都能实现数字世界的统一化。这打破了空间地域、管理层级、不同主体和业务模式等多元分散的难题，实现了平台自动化、智能化的信息匹配。

从浅层次看，数据集中和简单对接提升了效率；而从深层次看，全要素围绕业务流转这一核心任务进行统一方向的优化组织，避免了多元复杂性和不确定性因素对整体业务流程的干扰，提升了管理向心力，进一步提高了管理效率。

硬管理，特别是新一代信息技术的应用，从业务流程数字化开始，实现了全业务链条的数字化升级。这不仅提升了业务流程效率，降低了成本，更用数字化的确定性对抗了传统软管理的不确定性，实现了管理结构和模式的升级。

希音作为近年诞生的时尚服装品牌，其颠覆式的改变和影响已使公司市值超过传统快时尚全球三大品牌的总和。其进化、升级和增长的速度及规模，是传统业务增长模式难以比拟的，这充分展示了数字技术革新变革的巨大潜力和能力。

## 第四节　树根互联：两种管理文化的融合协同

树根互联是一家专注于为传统制造业提供数字化解决方案的服务公司，它依托世界 500 强企业三一重工在装备制造业数字化转型升级方面的丰富经验，采用开放式方法，对这些经验进行系统分析、还原和萃取，并通过系统化的解决方案赋能更多制造业企业，从而加速整个行业的数字化升级进程。

### 一、树根互联与三一重工的两种管理文化

作为典型的互联网解决方案提供商，树根互联不仅提供数字化解决方案，还致力于对传统制造业业务流程进行共性抽象和知识经验萃取。这种工作性质使其具备更高的宏观视角和更丰富的知识含量。传统制造业巨头三一重工与树根互联两种企业性质截然不同，一个更贴近制造业实际，另一个更偏向于互联网行业的知识密集性。然而，由于共同的任务目标——制造业流程和业务的数字化集成，它们汇聚在一起。要实现共同生长，必然面临文化和观念上的差异，甚至沟通互动层面的冲突。

预见到这些问题，树根互联以三一重工直接投资的方式成立，母公司作为财务投资者，核心团队中的三一重工骨干员工选择离职并加入树根互联。同时，为了更贴近互联网和产业市场，树根互联选择将办公地点设在远离集团总部长沙的广州，通过异地新建的方式组建完整的创业团队。

管理文化作为企业文化的重要组成部分，在企业管理过程中发挥着黏合剂的作用。尽管树根互联与三一重工同属于一个集团，但由于其核心业务和人员结构的不同，对管理文化的需求也存在显著差异。适应不同的管理文化氛围，构建相应的管理文化组织和团队，是一项重要的任务。

树根互联的管理文化更倾向于扁平化的互联网特色，企业文化强调以统一、透明、纯粹、信任为核心。统一意味着在宏观层面上明确树根互联作为三一重工独立业务延伸的属性，要求全体成员在大组织体系中寻找核心利益一致点，具备宏观视野同时保持独立风格。在这样一个成员组成和文化背景多元的公司内，实现多元文化的统一，形成统一的文化、业务、技能、品牌输出，求同存异，对内保持独立，对外展现绝对统一。

透明和纯粹体现在具体业务细节层面，树根互联的组织文化更趋扁平化。

业务部门、产品部门、管理部门的各种意见和建议在公开平台上进行透明化决策，实现全局共享，充分探讨业务问题，决策过程民主集中，无不可提的意见或不可否决的决定。这种自由的组织文化在透明和纯粹的管理文化中得到了体现。

这一文化特色与树根互联的核心业务——提供企业数字化解决方案密切相关。在当前管理组织中，无论是传统制造业还是其他行业，实现组织管理信息的充分共享和互动，使机构组织内部信息最大限度地共享，对于消减因信息不对称引发的阻碍组织效率提升的节点问题尤为重要。业务推广的价值主张直接反映在这一企业的组织文化中。

相较于三一重工传统和成熟的装备制造业企业的科层结构组织管理文化，树根互联的扁平化文化和线性决策流程具有不同表现形式。两者作为独立公司主体，以独具特色的组织管理文化适应各自业务模式，满足生产关系解放和企业业务适应市场自由发展的需求。正是得益于这种独立的管理和组织文化，树根互联能够拓展除传统装备制造业外的客户，如汽车制造业、电子信息行业等，形成通用类工业互联网平台产品和服务，助力更多中国工厂实现数字化转型。

## 二、树根互联的产品与服务

树根互联成功开发出广泛覆盖更多制造业企业、跨越多个行业边界的共性化数字化产品和服务。这些服务主要聚焦三类标准化产品。

其一，树根互联“灯塔工厂①”的解决方案，实现从工厂前期设计规划到落地的一体化服务，为制造业企业提供全面系统的解决方案。这一方案助力中国制造业企业实现核心管理经验的数字化升级，并一次性落地和复制，从而整体提升中国制造业的数字化和智能化管理水平。

其二，老板房和 T-box（车载电器元件）类产品，主要聚焦工业产品的售后服务市场，提供数字化解决方案。这些产品涵盖各类企业和产品的售后服务，实现对企业核心产品的全流程、全生命周期数字化管理，包括信息获取、消费跟踪、反馈处理等工作。本质上，它们输出一种标准化的物联网终端，进行数字化基础服务和数据监控提取工作，确保制造业企业的每个产品和设备在销售后仍与公司

① 灯塔工厂：通过数字化、网络化和智能化手段，运用先进的工业 4.0 技术和理念，实现生产过程的全面自动化、精确化和优化。

保持动态连接，实现产品和服务的随时随地跟进，显著提升企业服务水平和质量。

其三，数据中台作为数据汇总和智能化分析决策的服务系统，能够整合制造业企业从生产到销售、从业务到管理、从资源到人力等各方面的数据和资源，实现全流程数字化的数据汇总收集、整理建模、决策分析、综合汇总和反馈更新等功能。这一系统为企业提供数字化和智能化的决策支撑，在业务流和决策流中提升企业的数字化管理水平。

其四，针对差别化的生产线场景等应用需求进行开发，根据不同企业的特定场景环境，如单独生产线、库房和物流集散地等，提供系统化的解决方案。这些方案包括基础的数字化、业务流程的中台服务，以及其他增量和个性化的需求定制，以实现整个业务流程的数字化和智能化流动。在此过程中，综合运用标准化产品，以满足特定场景下的特殊功能性需求。

在数字化升级的时代背景下，各种管理理念和方法被迅速融入具体业务过程中，推动了整个业务体系的升级。与此同时，管理工作也面临着管理文化理念的创新和分化，不同创新组织及其对应的业务模式需要匹配相应的管理文化。因此，管理文化的融入成为激发增长潜力的重要突破口。

在企业初创时期，选择并匹配合适的组织管理文化至关重要。这种文化应涵盖沟通方式、组织模式、宏观环境、管理模式、人员结构以及企业文化等多个方面。通过综合运用这些文化元素，我们能够最大限度地释放生产关系带来的倍增效应，从而真正引爆增长。

## 第五节　总结：效率才是里子中的里子

在企业管理领域，随着人员和业务的增长，企业总体运作效率往往会下降，这是管理发挥关键作用的时刻。要打破这一发展魔咒，关键在于通过管理优化来提升企业的运营效率，其核心在于降本增效和效率提升。不仅管理是引爆增长的基石，降本增效的效率提升更是其中的核心要素。

从宏观角度看，管理是任何企业实现增长和壮大的必经之路。当企业发展到一定规模时，管理问题成为制约企业进一步发展的瓶颈。要突破这一瓶颈，就需要提升管理效率，而这并非简单的裁撤部门或关闭生产线所能实现。相反，它需要建立一套持续稳定的管理运作体系，综合管理产品、业务、伙伴、资本、资源等要素，提升这些要素在复杂体系内的协同效率。

实现日常管理的高效率，关键在于对人和器这两大核心要素的管理。

人，指的是参与企业社会价值协作网络的人员，包括内部员工、管理者和股东等利益相关者。管理者要考虑如何调动他们的积极性，让他们投身到企业价值创造中。同时，也包括与企业的合作伙伴，如经销商、供应商等，建立紧密的互信关系，形成高效的协作网络。

器，则更多关注产品和业务本身，包括技术、材料和机器设备的使用，以提升生产效率。技术创新是驱动管理效率提升的重要动力。此外，器还包括规范流程体系和方法手段所形成的管理智慧，促进企业内部信息流动和协同。

在当前时代，管理技术和科学的不断进步，以及互联网和人工智能技术的发展，为管理带来了更多应用升级和变革的空间。AI 技术和 AIGC（生成式人工智能）大模型在各行业和业务环节的应用，使商业竞争环境和生态体系发生了全新升级，对管理理念和方法手段提出了新的要求，也为效率提升提供了新的可能。

然而，无论未来挑战如何不确定和巨大，一个不变的原则始终是技术进步服务于企业运营效率的提升。管理就是通过集成各种技术手段，实现运营效率提升的活动。始终以提升效率为优先的管理原则，是管理活动的核心，也是其最本质的部分。

# 第十章

# 未来管理:一个可持续发展的企业才有价值

在企业管理中，评估企业的创业成果、经营状况及品牌事业，并非仅凭短期的营收和利润，而是基于其作为商业生命体为社会持续创造价值的综合实力。这构成了企业未来管理的核心追求。

企业经营的终极成功标准在于其作为商业生命体的综合实力，这要求企业管理经历阶段性的生命进化。这一过程充满不确定性，但也为企业提供了实现快速增长和阶层跃迁的契机。传承在这一过程中扮演着重要角色，包括企业业务的传承和所有者权益的传承两个层面。

我们之所以关注这一主题，是因为本章聚焦民营企业的成长。在公众视野中，民营企业家常将企业视为社会财富和地位的象征，以及事业延续和社会活动的重要载体。因此，通过特定方式将企业传承给下一代企业家，无论是亲属、合作伙伴还是广大消费者和投资者，都是一场涉及企业品牌、业务和资产持续经营管理的社会活动。

以下需要讲述企业的改良和革新的具体内容。

先看看企业改良的具体内容。

对于中国传统的企业，其经营理念视企业为财富和资产的静态综合，因此，传统的企业未来管理常被理解为财富在核心亲属和利益相关者间的继承。但这种理念忽视了企业经营作为复杂社会协同活动的多元性，仅将企业简化为固定资产、流动资产和品牌价值等物理属性，忽略了品牌文化、知识技能等软实力及动态的社会协作网络。这已无法适应现代管理和未来管理的需求。

随着中国企业经营管理科学化水平的提升，未来管理的理念和实践也在不断迭代。传统的静态财富传承观念正在朝企业永续经营和可持续发展的新方向转变，涌现出众多创新和典型的理念及案例。这些转变本质上解决了企业从静态财富传承到有生命的社会协同网络的自然进化和可持续发展问题。

主要的进展和突破体现在两方面：改良派和革新派。改良派路径仍沿袭传统财富传承理念，主要围绕企业核心所有权的传承，实现一代到二代的简单直接交接，即所谓的子承父业。通常做法是让“企业家二代”尽早参与公司业务，从基层做起或直接进入管理层，通过内部轮岗和业务熟悉掌握核心经营之道后，逐步转移和变更核心决策和管理权限。在这一过程中，“企业家二代”不断自我学习，企业传承的核心是围绕核心管理者的自我成长来组织业务和流程设计。这一过程常被描述为企业必经的较长阶段，是一次管理业务的升级任务或项目，具有强烈的人为特殊属性。

具体而言，改良派路径的一种方式是直接替代关系的传承，即“企业家二代”直接继承所有权和职位；另一种方式是部分传承，如以独立业务单元承担企业业务，或设立新单元进行二次创业。这种折中方式成功与否，与企业未来管理和子承父业的客观规律密切相关。然而，简单的子承父业常面临“企业家二代”继承意愿不足、能力不足以及与企业文化和管理制度融合困难等问题。

传统模式的问题在于缺乏对企业文化和共同成长经历的理解与信任。正如军队中，指挥官与战士间的默契和共同经历是战斗力的核心，企业在面对复杂商业环境时，如果缺乏这种深层次的连接，其指挥和行动的主体将难以有效应对挑战。因此，真正的企业文化并非仅停留在字面意义上，而是在商业实践的点滴积累中逐渐体现并融入企业的核心。

鉴于此，当前的子承父业趋势是，“企业家二代”以创业者身份开拓新事业，与上一代企业家的业务形成协同关系。他们通常从擅长领域出发，选择金融投资、商业服务等通用领域创业，实现新人新事业的传承。这样既能保持家族企业的连续性，又能发挥“企业家二代”的创新能力和专长。

树根互联起源于传统装备制造业企业三一重工。作为董事长独子的梁在中，并未将业务重心置于三一重工的传统业务，而是在广州创立树根互联，旨在将三一重工在制造业数字化转型方面的经验提炼为通用系统解决方案，进而开拓全新的企业服务市场，开启二次创业之旅。

此举不仅让年轻一代适应新形势和新技术环境，利用互联网文化和思维推动业务创新，为新一代企业家提供成长和成熟的新业务实践平台，同时也深化了对母公司主体业务的了解，实现了创新业务与传统业务的完美融合，达到真正的相互融入。

在业务管理方式上，除了早期依托三一重工的成熟经验，后续的产品开发和市场拓展均独立自主，形成独特的品牌和业务模式。办公场所也与传统制造业企业总部保持相对独立，选址于产业互联网前沿的广州，以便更好地拓展业务。另外，美的集团作为中国民营企业的领军者和家电行业巨头，其企业未来管理与传播的方式为众多中国民营企业提供了宝贵借鉴。何享健勇于引入职业经理人方洪波接替自己在美的集团的核心管理职能，使职业经理人成为企业经营的总负责人。对于独子何剑锋，何享健则安排其负责独立的盈峰系企业运作，专注于金融投资这一通用业务，与传统的家电业务无直接关联。盈峰系企业在金融和股权投资领域表现卓越，旗下拥有多家上市公司。

何剑锋作为美的集团未来的自然传承人和接班人，并未直接接管核心业务，而是通过独立创业的方式，加入了一代创业者的行列，实现了子承父业，成为真正意义上的独立创业企业家。这可以视为另一种模式的子承父业，其中“业”更多体现为创业精神而非家业传承。随着盈峰系完成对顾家家居的控股收购，何剑锋在宏观战略层面进行了大家居行业的资本运作，引领盈峰系（美的系）资本进入定制家居行业。外界认为这是美的作为家电巨头向大家居产业战略整合的一步，也是成功寻找企业增长点的资本运作。

作为盈峰系的实控人，何剑锋以美的集团未来接班人的身份，再次受到外界关注。他并未直接继承和管理具体的美的家电业务，而是从自己擅长的金融投资领域出发，进行更为宏观的资本运作，实现资本、投资和所有者意义上的传承。这种企业未来管理模式虽迂回，却更适应时代发展的要求。

再看看企业革新的具体内容。

革新派路径以开放视角将企业置于更广泛的利益主体环境中，实现从内向传承管理到外向传承管理的转变。其核心在于不局限于以个人为对象的传承，而是面向更广泛传承对象和主体的现代企业制度，回归企业作为社会协同网络和多元利益主体的本质，交由更广泛群体甚至大众管理。

简而言之，革新派模式具体表现为建立现代企业制度，建立规范化和科学管理体系，从组织制度、所有权结构、业务管理模式等多个层面实现标准化。去除企业所有权的个人特色，回归标准化商业组织体系，通过通用的企业组织进化、所有权和管理权变革模式，推动企业自主、可持续和健康发展。

将企业进行 IPO 公开募资，完成上市，是实现企业多方面信息透明化的重要方式。此举将企业战略、业务、财务、管理等公之于众，使全员所有权和管理权得以变更，企业的所有经营管理活动都被置于更广泛的所有权主体监督和管理之下，实现华丽转身，成为公众企业。而对于未上市企业，则须建立透明的现代企业管理制度和体系，核心创始人以创始团队或全员持股等形式替代，“企业家二代”仅作为普通创始团队成员和股权拥有者，回归普通角色，满足现代企业的基本要求。

此类方式的特色在于以开放思维将企业回归社会协同网络的公共属性，淡化其商业价值创造特别是利润创造的财富属性，从而放大更多主体对企业的拥有、使用、享有和共享等权益，使企业能在更大的社会关系网络中自由发展，而非仅作为私有财富进行所有权变更。

随着企业管理制度的规范化和更多公众企业的诞生，社会对企业作为社会公共协作体系和网络的认识提升，接受其社会公共和私有财产双面性的存在，凸显其社会公共属性。企业的未来管理回归大众视野，相关利益主体扩大，包括股东、管理者、从业者、利益相关者及大众投资者。股市繁荣和现代企业制度的普遍建立，使更多股权和股票投资者参与企业投资，企业回归社会公共产品属性成为共识。企业的未来管理不仅是法人和负责人的事，也是公众、投资者和利益相关者的共同责任。

综上所述，改良派与革新派作为两种不同的路径方向，各自具备其发生发展的天然条件。无论选择何种路径，都有其必然性与合理性。这正是企业未来管理、可持续经营与传承这一必经阶段所展现的充分个性化特征所决定的，无法用单一模式简单套用。

## 第一节　金域医学：留给后人一个可持续发展企业

广州金域医学检验集团股份有限公司（简称“金域医学”），是国内第三方医学检验行业的领军企业，它在同行业中营业规模最大、市场网络最广、技术平台最齐全。截至2021年末，金域医学以29.8%的市场份额稳居首位，迪安诊断以18.0%位居第二，艾迪康则以8.6%位列第三。

在经营管理过程中，金域医学从起步阶段便采用专业化、规范化的管理思维，结合众多专业管理咨询企业的经验，不断完善管理规划、制度和体系及发展模式。如今，金域医学已成长为一个高标配的现代企业，走上可持续发展之路，用现有发展模式的确定性，自然延伸出企业未来的确定性。

## 一、中国医学检验行业的开创者

金域医学起源于广州医学院（今广州医科大学）。1988 年，梁耀铭毕业后留校工作，涉足教育教学和校办企业管理，之后，他进入医学检验领域，开启试剂销售创业之路。

1994 年，经过初步业务探索，梁耀铭与金域医学的早期团队决定专注于第三方医学检验领域，并正式成立金域医学。在我国第三方医学检验行业尚属空白的市场中，他们勇敢前行。1996 年，金域医学以代送检业务开了中国第三方医学检测行业的先河。

金域医学事业的转折点在 2001 年。当时，正在新加坡国立大学就读 EMBA 的梁耀铭，在课堂上发现了一家名为“Quest”的美国医疗检验公司，专注于 ICL（独立医学检验实验室）业务，并已成功上市。这一发现让梁耀铭意识到，金域医学所从事的不是“小生意”，而是一个具备独立发展成为行业、产业潜能的“大事业”。他决心将金域医学打造成为中国医学检验行业的开创者和规范化发展的品牌。

梁耀铭回国后，带领金域医学，秉持着“逢山开路，遇水搭桥”的坚定信念，成功攻克了一个又一个难题和发展瓶颈。金域医学进行了大刀阔斧的企业改制，明确了责权利关系，使企业以更高的灵活性和韧性应对市场考验。在公司发展资金匮乏的情况下，整个创业团队毫不犹豫地自掏腰包，甚至抵押个人房产，全身心地投入这场创业中。

2002 年，经过不懈的努力，金域医学终于获得了医疗机构执业许可证，成为国内首家拥有正规牌照的第三方医学实验室，这标志着医学检验行业在中国的正规化发展拉开序幕。

## 二、规模化连锁经营模式的底气

开创事业后，金域医学迅速走上了正规化、标准化的发展道路。梁耀铭深知，要真正树立行业地位，必须建立规范化的流程体系和质量标准，确保与国际行业标准接轨，从而确立中国品牌的独立形象。

从第一家实验室成立起，金域医学用了近十年时间，不断完善质量管理体系，通过内部流程优化，获得行业标准认可，逐渐成为行业领导者。2007 年，金域医学开启了向全国拓展的新征程，以济南金域医学成立为起点，逐步建立起区域性服务机构，并向全国规模化运营迈进。当年，金域医学营业收入首次突破 1 亿元，实现了重大突破和快速增长。

这一增长的背后，是金域医学持续加强实验室质量和流程体系建设。金域医学率先引入实验室标准化和信息化管理，成为国内首家通过 ISO/IEC 17025 体系认可的企业，随后又通过 ISO900：12000 认证和美国病理学家学会（CAP）认可，达到医学实验室质量认证的顶级标准。这些认证不仅证明了金域医学在行业内的专业性，更树立了其核心竞争力，为规范化和规模化发展奠定了坚实基础。

金域医学的规范化和规模化扩张，得益于专业管理咨询机构的智力支持。尽管当时公司收入有限，金域医学仍决定引入一家国内顶尖的管理咨询公司，进行规模化连锁经营模式的升级。这一决策为金域医学连锁化经营模式的迅速扩张提供了关键支撑。

2007 年，金域医学启动全国规模化连锁拓展，并以 2021 年西藏金域医学正式开业为阶段性终点。至此，金域医学完成了除台湾地区外我国其他省区（包括港澳地区）的实验室布局。截至 2021 年 12 月 31 日，金域医学在我国大陆 31 个省份及港澳地区自建了 48 家医学实验室，合作共建了近 740 家快速反应实验室，覆盖全国 700 多个城市，形成了一张庞大的实验室网络。该网络已延伸至乡镇和社区一级，服务范围覆盖全国 90% 以上人口所在区域，为提升实验室检验质量和效率提供了坚实保障。

### 三、从发展理念开始的二次创业

2017 年，金域医学成功登陆上海证券交易所，正式步入资本市场。但梁耀铭察觉到，自 2013 年起，团队内部创业精神淡化，许多创始团队成员及核心骨干身上，已难见创业初期的魄力和干劲，开始有了享受胜利果实的安逸感。于是，他在金域医学内部发起了二次创业的号召，旨在提升整个团队内部的创业斗志与决心。在行动层面，他从优衣库创始人柳井正的两部著作中找到了企业发展过程中的共鸣，并洞察到了企业家的自我进化之路。因此，他引入了柳井正的这两本著作，在公司内部开展了全员学习提升活动。

这两部图书是《一胜九败：优衣库风靡全球的秘密》和《一天放下成功》，

两本虽然是同一个创始人的著作，却是在两种不同心境情况下写作的。前一部《一胜九败：优衣库风靡全球的秘密》主要讲述优衣库成长的过程，就是一个经历了无数次失败的过程。他们经历过无法从银行融资的焦灼，经历过“衣服因低价热销，但人们买回去之后立即把商标剪掉”的难堪，经历过为上市冲刺而拼命扩张店铺的疯狂，也经历过被消费者冷落、疏离的痛苦……但正是从这些失败中学到的经验与教训，让柳井正走向了成功。这本书如同柳井正的错误集，他毫不隐讳地揭示了优衣库业绩低迷的原因、进军海外失败的因素，并完整呈现了自己独特的经营哲学和管理手法。

而另一部作品《一天放下成功》则讲述了柳井正面对危机，决心复出，带领优衣库开启第二次创业的故事。在 2002 年 8 月的决算期，优衣库上市后首次遭遇减收减益的困境；至 2005 年 8 月，更是出现增收减益，企业面临倒闭的危机。然而，在 2009 年 8 月的年度决算中，优衣库实现了“增收增益”的目标，柳井正也被评为日本首富，二次创业获得了成功。

梁耀铭深受这两本书的启发，要求内部高管和核心骨干熟读并撰写心得体会，以加强二次创业的概念，并将可持续发展理念根植于每个员工心中。为此，他引入了合益集团这一全球性的管理咨询公司，借助其在组织架构、流程优化、人岗匹配等领域的专业经验，助力金域医学的发展。这次行动取得了显著效果，员工的奋进精神战胜了人性的惯性，金域医学进入了新的发展阶段。

梁耀铭高度重视企业经营中战略引领的作用，将其比作企业发展的指路明灯，这一观点在实际操作中得到了充分验证。2017 年，随着金域医学同步启动上市，梁耀铭面对 IPO 后的资本市场公众企业发展新阶段，开始寻找能提供智力支持的专业机构。最终，他选择了与自身发展要求高度匹配的波士顿咨询公司（BCG），这是一家在战略管理咨询领域享有盛誉的全球性企业管理咨询公司。

BCG 的最大特色和优势在于其不断创新的高级管理咨询工具和理论，其中最为管理学界所熟知的“波士顿矩阵”便是由该公司于 20 世纪 60 年代创立的。BCG 的四大业务职能是企业策略、信息技术、企业组织和营运效益。这家咨询公司培养了许多咨询界的杰出人才，许多国际著名咨询公司的创始人都出自波士顿咨询公司。

正是这种创新精神，使 BCG 成为金域医学在上市后的战略发展合作伙伴。2017 年 11 月 20 日，金域医学召开了中长期发展战略规划会议，相关项目同步启动。在 BCG 的辅助支撑和全体员工二次创业的热情投入下，金域医学为2018—2022 年的中长期发展制定了明确的战略规划和方向，进入了全新的、有战略指引的发展阶段。

## 四、数字化未来已经开启

在金域医学的中长期发展战略中，数字化、高质量发展以及跨越周期的发展均被纳入既定的发展规划任务。而在 2020 年集团数字化发展模式升级之际，金域医学又迎来了全新的合作伙伴——西门子数字化转型战略咨询公司，共同开启中国“医学检验 4.0”模式的全新发展阶段。

2020 年，金域医学在行业内率先提出数字化转型升级战略，借助数字技术构建智慧医疗新格局。在第一代手工化、第二代自动化、第三代信息化的基础上，金域医学率先提出“医学检验 4.0”，以数字化升级为核心，升级了“以疾病诊断和健康服务为中心，数据和技术驱动全面智能化，让医疗和健康服务更精准、便捷、普惠”的核心愿景。金域医学致力于实现医学检验服务全流程智能化，推动生物医学和新一代信息技术的融合创新，打造一个开放式的生态平台，从而奠定企业可持续发展的未来图景。

梁耀铭坦言，尽管花费了几千万元的成本请顾问咨询公司进行咨询，最终的战略发展理念却浓缩为一句简洁而深刻的话——“以疾病诊断和健康服务为中心”。这就如同发展的指明灯，使金域医学的发展逻辑回归到疾病诊断这一核心链条上。金域医学围绕疾病的不同类型，开展针对性的医学检验技术研发，推出检验产品和服务，并依托有限的资源和顶尖的科研实力，对一些罕见病进行重点攻关。因此，金域医学能够完成公立医院无法实现的检验，特别是罕见病种的检验，并给出精准的报告。

在此基础上，从成果层面看，《罕见病实验诊断关键技术创新与规模应用》荣获 2019 年广东省科技进步奖一等奖，并已发布超过 5094 例的宫颈癌筛查数据、302 多万例维生素 D 数据、24 多万例活检病理数据、212 多万例遗传代谢病质谱检验数据等，累计检出罕见病阳性病例超过 7 万例，真正成为健康服务的中心，且具备强大的实力。

数据和技术驱动的全面智能化，极大提升了金域医学检验服务流程的效率和质量，使其商业竞争的“护城河”达到行业竞争对手难以企及的高度，有力推动了医学检验服务的大众化、普及化和普惠化。数字化转型升级的投入，得益于一把手的亲自抓落实，从选定咨询公司到市场调研，从转型升级动员到技术竞赛评审，都获得了丰硕的回报。这一转型升级的成果，将金域医学的发展模式推向“医学检验4.0”的智能化轨道，不仅提升了企业的核心竞争力，更为未来的可持续发展奠定了坚实基础，这正是梁耀铭所看重的。

在金域医学的发展历程展厅中，全球第三方医学实验室的市场份额分析图表明，相较于美国、欧洲和日本，中国仍处于发展提升期，市场份额仅占8%，未来发展空间巨大。这是金域医学作为行业领军企业的奋斗目标，也是其未来管理和发展的重要课题。梁耀铭希望为企业和行业留下可传承的丰硕成果，推动其持续向前发展，赢得更大的市场。

## 五、一个可持续发展企业的管理模式

根据数据，2021年中国临床检测市场空间达到了5244亿元，预计至2026年将增至8964亿元，其间年复合增速为11.3%。独立临床实验室（ICL）由于具备低成本、专业化等优势，备受医疗机构青睐，随着其渗透率不断提升，中国ICL行业有望得到快速发展。预计中国ICL市场空间（不含COVID-19检测）将从2021年的223亿元增长到2026年的513亿元，年复合增速高达18.2%，超过整体临床检测市场增速。

截至2022年底，金域医学已在全国（含港澳）建立48家医学实验室、近740家合作共建实验室，并构建了辐射全国的远程病理协作网，为超过23 000家医疗机构提供医学检验及病理诊断服务，服务网络覆盖全国90%以上人口所在区域。同时，公司自建有3000多人的专业物流团队、2000多个物流服务网点，将医检服务延伸至乡镇和社区一级，提供深入基层的物流服务。这些成绩的取得，既得益于公司领导者的锐意进取精神，也离不开规范化发展的企业成长轨迹和对标国际水平的医学检验品牌视野。金域医学在企业管理方面投入巨大，从战略规划到战术部署，再到细节支撑体系建设，始终走在规范发展的道路上。

梁耀铭在新加坡求学期间，从Quest公司的案例教学中获得启示，坚定了带领金域医学走上转型医检服务的道路。在关键时期，即便经营状况一般，他也不惜重金邀请具有国际水准的专业管理咨询机构，针对公司管理体系、业务流程、战略规划、数字化建设等领域进行咨询，并认真执行改进意见。

梁耀铭曾调侃道，金域医学曾有过疯狂的时期，同时有多家管理咨询公司在公司内部进行调研和咨询工作，使公司成为一个大型的管理试验场。这些具有国际视野和一流水准的咨询机构，为金域医学提供了现代企业制度的坚实基础，使其在人力资源管理、数字化业务升级和战略定位发展模式等方面均领先同行，成为行业内的龙头和领军企业。

对于金域医学的未来管理，梁耀铭和他的创业团队选择采用一套自适应、规范化的企业管理系统，确保企业可持续发展步入自动挡位状态，从而赋予企业强大的生物自我进化能力。在规范的管理体系内，企业沿着既定的宏观发展目标不断自我进化。金域医学的可持续发展和未来管理的核心在于构建一个拥有现代企业制度、规范管理并具备组织性和自适应能力的企业生命体，使其早早进入可持续发展的常态阶段。

作为公司的灵魂人物，梁耀铭从广州医学院毕业后留校担任校产办主任，其间负责校办企业的运营。他将学校科研成果转化为具有科研特色的项目，并精准洞察独立医学检验的市场需求。他携手核心创业团队探索医学检验外包服务在中国的运营模式，开了中国国内第三方医学检验行业的先河。

这一开创性工作与可持续发展的企业未来管理模式相结合，使引爆增长成为可迭代、可持续的常态化发展模式，不断夯实企业事业的基石。金域医学的可持续发展模式和自适应能力从一系列数据中可见一斑。

2023 年上半年，金域医学三级医院收入占比已提升至近 40%，同时推进“合作共建”模式，2022 年全年运营项目近 740 个。公司通过产学研一体化激发创新潜力，每年研发新项目 300—500 项，创新力度显著。特检（高端技术平台）业务收入占比从 2018 年的 45% 持续提升至 2022 年的 52%，有望推动毛利率稳步提升。“医学检验 4.0”数字化转型战略引领公司进入高质量发展新阶段。

无论是资本市场还是行业内部，金域医学在可持续发展的轨道上不断取得突破，展现出这个具备自我生命进化能力的企业机体的无穷生命力。

## 第二节　海缝：子承父业的创业伙伴

广州海缝汽车零部件有限公司（简称“海缝”）自1965年创办以来，历经57载风雨，其间经历了无数次的机遇与挑战，始终坚守并不断发展壮大。至2022年，海缝在南沙迎来了面向世界的发展新机遇，作为一家民营企业，它不仅成功地传承至今，而且通过不断的传承与创新，实现了持续稳健的发展。

### 一、二次创业起步的海缝厂

1965年，广州的一家街道兴办企业“海珠区缝纫机零配件厂”诞生。进入20世纪90年代，它开始为五羊摩托车和广汽本田汽车等提供零部件，自此与汽车行业结下了不解之缘。这家企业的负责人郭耀威对质量的极致追求，为这家企业树立了专业能力和品牌口碑，奠定了坚实的基础。

进入21世纪，尽管外部经济环境不断改善，汽车市场高速发展，但海缝这家提供零部件生产的小作坊的发展缺乏引爆增长的态势。这让当家人郭耀威深感困扰，他决心寻求改变，努力尝试将海缝进行改制。2002年，海缝从街道工厂蜕变为民营企业，开启了企业真正意义上的新生，踏上了二次创业的征程。

此时，还在读大学的郭晓欣加入了这家企业。在郭耀威的规划中，改制只是激活企业活力、启动二次创业的第一步。对于未来企业如何发展、如何从家族小生意模式转变为现代化企业，他深知自己可能不是最终完成使命的人，需要更多伙伴的接力。这个接力者就是郭晓欣——郭耀威的儿子，当时还是一名大一学生。郭晓欣深度参与了改制前后的决策过程，并与父亲就公司未来发展设想进行了深入交流。这些经历让他对商业有了早期的理解，启蒙了他对商业管理和工匠精神的认知。

然而，面对未来的新兴市场和蓬勃发展的汽车产业，海缝的未来发展路径需要郭晓欣这个新生力量去独立设计。他的大学生活是在创业路上兼职上学，边学习边创业。2002年，郭晓欣进入改制后的海缝，负责人事招聘，以全新的人力资源架构构建企业发展的资源储备。他开始了与父亲携手的二次创业征程，也是企业经营传承的开始。2005年毕业后，郭晓欣正式加入海缝，并于2012年升任公司总经理。他经历了约10年的沉浸式二次创业，从大学生直接成长为企业掌舵人，成为年轻一代企业家的代表。他与父亲并肩创业多年，虽有观念想法的冲突和行事方法的争执，但更多时候是对于实现企业不断增长和阶层跃迁的共同坚持。最终，他们各自发挥所长，共同推动这家企业达到了全新的发展高度。

## 二、全新思维带来的新机遇

对于海缝的未来发展，2002 年二次创业起步时，父子二人便达成共识：要实现企业发展的阶层跃迁，从作坊式小厂升级为现代化企业，从简单的代工模式转变为大厂供应链品牌企业。

这一共同理念的达成，得益于父辈对自我和市场的双重认知。他们深知小厂几十年来发展不温不火，决心寻求改变。同时，他们也意识到自身在作坊式工匠精神方面虽有所长，但对于现代企业管理和市场拓展等高级业务并不熟悉。

因此，将不熟悉领域交由受过良好教育的二代年轻人去探索创新成为最佳选择。作为创业伙伴，父子之间不仅是血缘关系，更是事业上互补的合作关系。郭晓欣自介入二次创业以来，便明确了企业经营方向：成为汽车零部件生产制造领域的品牌企业。他不再满足于被动接收订单，而是主动争取更多业务，在细分领域和部件生产上确立核心技能优势，为企业在汽车行业内以独立品牌方式立足打下基础。

在市场认知方面，2002 年，郭耀威已敏锐地捕捉到行业发展的积极态势。为了顺应这一趋势，应用先进的企业管理理念和技术选型至关重要。年轻一代凭借敏锐的消费观念，更能把握主流年轻用户的需求，从而推动企业业务的转型升级。

在企业管理层面，海缝广泛吸纳来自各地的年轻人才，这是支撑企业升级、把握行业发展脉搏的关键。放手让年轻人主导更具活力的业务发展模式，面向更广泛的消费市场，传承与创新并行不悖。

自二次创业启动以来，海缝在全新发展思路的引领下，两位创业合伙人共同努力，不断取得阶段性成果，开启了快速增长、阶层跃迁的新征程。2010 年，海缝引入首台焊接机械手，实现部分生产线自动化。2018 年，全厂区已实现自动焊接机器人生产。2018—2021 年，海缝持续推进多个技改项目，累计投入 1.89 亿元研发经费，成功从传统生产加工企业转型为先进装备制造企业。其中，自主研发的千斤顶产品更荣获 8 项专利。即便在新冠疫情冲击下，海缝仍实现营业收入的连续增长，2021 年达 13.58 亿元，2022 年更是跃升至 19.75 亿元。

“如今，制造业正面临着向数字化、智能化、绿色化转型的必然趋势。”郭晓欣坦言，企业虽然面临着诸多前所未有的挑战，但同时也迎来了更多发展可能。为应对新能源汽车时代的到来，郭晓欣领导的海缝已加大投资，为承接这一新趋势做好基础准备。2024 年年中，占地 4.6 万平方米的小虎岛数智化厂区建设正在紧锣密鼓地推进中，该项目第一期总投资达 3.5 亿元，预计投产后，海缝的产值将实现翻番。

在郭晓欣的带领下，海缝不断注入创新理念和企业文化，精准把握智能制造和大数据时代的新机遇和新挑战。经过十多年的改革创新发展，公司员工规模从最初的 300 余人扩展至 2024 年年中的 2300 多人，销售额也持续攀升，从投产初期的年产值 5800 万元增长至 2022 年的超过 19 亿元。

即便受到新冠疫情和工业限电等多重不利因素的影响，海缝仍然坚守品质，如期完成给客户的供应任务，2022 年全年产值同比增长 36%。公司凭借全方位的硬实力，树立了以诚立业、尊客于心的价值观，并多次荣获广汽丰田、广汽本田、广汽菲克等企业在原价、品质和交付等领域的优秀供应商称号。此外，海缝还荣获了 2020 年度丰田全球唯一中资企业的全球区域贡献奖。

在郭晓欣的领导下，海缝团队在新的时代背景下，紧跟行业发展的步伐，经过 20 多年的不懈努力，终于实现了与父亲共同规划的海缝未来发展目标，迈向真正意义上的品牌企业，成为产业链上备受瞩目的中国制造业品牌。

## 三、延续与传承的文化品质

虽然自 2012 年起郭晓欣已全面接手海缝公司的发展，成为企业的实际领导者，但在其掌管下，海缝仍然坚持并传承了前辈们的核心经营理念。除了引入全新的企业经营管理理念、拓展增量业务和生产线、进行对外战略投资等具体业务，郭晓欣还注重延续企业发展的核心文化脉络，这一文化内核贯穿于整个海缝的发展和快速增长过程中。简而言之，这种文化内核可以用稳健发展和可持续发展理念来概括总结。

在稳健发展方面，海缝汽车零部件有限公司于 2007 年作出了战略性的落户选择，与南沙结缘，以满足企业扩大规模及为未来预留发展空间的需求。经过十多年的积累与沉淀，公司现已实现双厂区生产运行。2008 年，南沙汽车城总部厂区投产，占地面积达到 3.3 万平方米；2014 年，南沙新海厂区投产，占地 6 万平方米。为进一步满足市场需求，占地 4.6 万平方米的南沙小虎岛厂区于

2021 年 10 月奠基，预计 2025 年投产。

在几次重大的投资项目中，海缝始终坚持使用自有资金进行投资。即便是在拥有足够数额的银行贷款授信，且投资建厂利用资产抵押等灵活资金使用手段已成为行业普遍做法的情况下，海缝仍坚持采用自有资金的滚动发展模式，以确保稳健发展。“不仅仅是不缺钱，更是一种稳健发展观在起作用。”郭晓欣对海缝这一现象的解释，实则是其价值理念的一次对外展示。他提到：“利用资本杠杆可能让人变得自我膨胀，失去对经营风险的敬畏之心。这是父亲给予我的宝贵教诲。”

在处理未来发展路径的选择上，郭晓欣依然深受这种稳健作风的影响。当被问及如今发展态势良好的海缝是否有近期 IPO 的计划时，他展现出另一种稳健作风。他表示，公司目前业务发展均按照既定目标进行，且资金充裕，无须通过上市融资来拓展业务。更重要的是，过早进入资本市场可能会让团队失去前进的动力，躺在过去的功劳簿上，这将不利于公司的未来发展。

从老一辈企业家看似保守的稳健发展路线，到郭晓欣坚持用自有资金运营企业的核心指导思想，再到他对自己掌管企业 IPO 未来发展路径的设计和规划，这种企业文化精神的内核已在不同层面得到了真正意义上的落地和传承。

与发展理念上的稳健思路相辅相成的是，郭晓欣在新技术新应用领域，特别是海缝企业数字化、智能化生产模式升级过程中的专注和投入。他在小虎岛第三厂区引进更智能化的技术设备，致力于打造海缝的智能化、数字化制造基地。郭晓欣将海缝的未来定位于深耕制造业，坚持智能制造主攻方向，打造高水平的智能制造企业，实现从“制造”到“智造”的跃升，进而实现产业高质量发展的可持续发展路径和模式。

另外，海缝通过获得大品牌的认可，成功成为广汽传祺、广汽丰田、广汽本田、广汽菲克、广汽三菱以及东风武汉本田、天津一汽丰田等知名车企的一级零部件供应商。在此基础上，海缝不断加强自身在企业技术专利等领域的突破，以实现品牌附加值、品牌影响力和品牌核心价值的不断迭代升级，使海缝品牌更加响亮，而不仅仅是一个普通的品牌名称。

曾经，海缝处于小作坊模式的发展阶段，在技术创新和各项业务专利技术方面储备不足。郭晓欣深知这一点，因此将这些领域作为攻关突破的重点方向。他站在经营一个企业、一个品牌的更高角度，重新规划，补齐短板，为企业未来更加健康和可持续的发展做好充分准备。

### 四、传承中的角色分工

相较于一般民营企业的传承，即二代接班一代的典型案例，海缝的传承引爆增长案例展现出了几点独特之处。

首先，从严格意义上讲，这并非简单的传承与接班，而是一种另类的共同创业。虽然未能达到洁特生物父子合伙创业模式的高度，却在二次创业的起点，开启了各负其责的共同创业过程。

其次，这种共同创业模式的核心在于共同愿景目标下的不同角色分工。一代创业者将企业经营的阶段性成果打造为一个可供二次创业的平台，而二代创业者需面对未来更大的市场空间和更新市场环境的挑战，一代创业者则成为他们背后最坚实的支持。

最后，在传承与创新中，企业开启了引爆增长的新局面。两代人在共同创业的经历中，通过明确的分工和二次创业过程中的交锋与融合，传承了宝贵的文化精神财富，同时升级了企业的业务和发展模式，实现了企业发展规模和阶段的新跃迁。这是一次各有所失、各有所得的传承过程。

共同创业相较于仅通过财产继承、职位替代等方式完成的传承，更需要传承对象与企业系统的深度融合。无论是人为设计的传承接班过渡，还是海外留学专业教育的储备，都难以比拟作为创业者身份参与企业创业或二次创业的价值。这种共同创业的传承方式，正是企业引爆增长的真正引擎，也是未来管理和企业传承引爆增长的最佳方式。

## 第三节　云从科技：使企业开放并回归社会

前面章节中提及的云从科技，作为中国“AI 四小龙”企业之一，专注于为智慧金融、智慧治理、智慧出行、智慧商业等领域的客户提供人工智能解决方案。创始人周曦的个人 IP 效应确实为这家初创企业吸引了众多 AI 人才，但在面临企业管理和传承等细致层面的挑战时，仅凭创始人的过往威名是不足够的。

## 一、云从科技面临的问题与挑战

云从科技当前面临着几大核心问题，这些问题对其未来的可持续发展具有重要影响。

首先，云从科技身处科技创新的 AI 赛道，这是一个充满未知的新领域，未来商业格局难以准确预测。这意味着参与者需要投入更多成本，无论是时间成本还是资源资金成本，用于不断探索未来的确定性。

其次，科学家创业往往存在天然的文化基因缺陷。虽然云从科技拥有技术和硬件优势，但“学霸天才公司”的通病是有技术却并不太懂商业。因此，云从需要以开放的态度吸收更加多元的文化和资源，以弥补这一不足。

最后，也是最为关键的是，云从科技对核心资源有着刚性的多元需求，并且这种需求是持续且大规模的。这包括但不限于资金、人才、关注度和资源等方面的需求。一是资金方面的需求。探索一个新领域的未来，以及技术研发的可持续性投入，都需要巨额资金作为支撑，这无疑是进入该领域的必备条件。二是人才方面的需求。与一般领域相比，AI 领域的三大核心能力——算力、算法、数据，对人才的需求尤为突出。特别是在算法方面，完全依赖于核心算法工程师，这些人才在全球市场上稀缺且难以替代，不是简单的常青藤高校或 985、211 高校毕业生，甚至拥有博士学位就能轻易胜任的。三是资源投入方面的需求，算力和数据的投入更是大头，需要大量资源来支持。

算力在某种程度上可以通过投入大量资金购买来实现。然而，数据资源的获取则无法通过简单的商业买卖来达成，它需要更多策略和杠杆来撬动，比如建立核心联盟体系，实现资源共享以弥补不足。另外，关注力资源是综合了以上各种资源的核心要素。在一个充满不确定性的创新市场中，企业未来的价值支撑，关键在于能否吸引社会更多力量的关注，包括提升大众的行业认知、获得市场支撑和商业互信，从而共同参与创新商业市场的建设。

## 二、让企业回归社会

面对当前的市场环境、竞争环境和发展环境，云从科技在可持续发展和未来管理传承方面所面临的挑战是巨大的，且与传统企业的发展轨迹和规律有所不同。这些挑战不仅包括具体的业务可持续发展问题，还涉及利益相关者共同体的建立和持久运营。解决这些核心问题的关键，依然在于资源的汇聚。

扩大利益相关者群体的数量规模，构建更为庞大的云从科技利益共同体，是企业高效、低成本获取业务可持续发展资源的有效经济手段。前文已提及，通过IPO，企业能够在AI市场竞争中获得一席之地，与大型互联网厂商在AI人才竞争上平分秋色。此外，通过建立联盟，企业也能获取商业资源和人才资源。而将云从科技引入IPO行业，更是能从更广泛的领域扩大利益相关者或权益所有者（即IPO后的资本市场投资者）的数量规模，为资金、关注力和人才吸引等方面提供有力支撑。

将云从科技的可持续发展问题交给更广大的利益相关者，包括资本市场的IPO投资者、风险投资者以及广大消费者，是一种独特的可持续发展路径。通过IPO，企业在创新发展的初期阶段便转变为公众公司，从而扩大企业利益相关者群体，让更多能够实质性影响公司可持续发展的力量参与其中。

这种未来管理模式实质上是开放企业的所有者权益参与门槛，使原本仅限于小范围内的传承得以在更广泛的群体中分享和传承。这增加了企业可持续发展未来的关注度，成为解决企业发展可持续性的经济高效决策选择。

因此，随着商业竞争环境的不断变化升级，企业未来管理的传承问题并非只有一条路。改良派路径和革新派路径并非唯一选择，云从科技的发展路径正是一种独立的创新模式，展示了更多可能性。

抓住可持续性发展这一企业未来管理的核心，无论是企业业务的可持续发展，还是企业所有者整体的传承继承问题，均可通过直接解决这一核心问题来达成。而实现广义可持续性发展的手段多种多样，包括但不限于企业的资本收购合并、集团化整合，以及通过IPO公开上市来扩大所有者权益群体，进而将企业置于一个更广阔的社会网络平台之上，从而确保其可持续发展。

### 三、云从科技发布“从容大模型”

从生物意义上看，传承并非仅限于人类社会所描述的姓氏和种姓层面的传承，也并非现实层面中的传男不传女的父系社会体系传承，而是关乎人类基因层面的永续传承。这意味着，可持续发展和传承并不只是靠儿子，即便是女儿外嫁，家族的基因和文化传统也能得到传承。

在企业传承问题上，既可以通过亲属传承的方式，将企业的业务可持续发展及所有者权益整体传承给下一代，也可以通过更为包容的方式，吸纳更多的利益相关者到自己的联盟体系中，以确保企业业务的可持续发展及所有者权益群体的稳定。

2023 年 5 月 18 日，云从科技在 2023 年人机协同发布会上交出了一份重要答卷——正式发布自家的大模型产品“从容大模型”，并宣布与中检计量、神州信息、深圳报业、今世缘、游族网络等企业达成签约合作。云从科技自 2019 年起便在自然语言处理、OCR（光学字符识别）、视觉语义理解、语音识别等多个领域实践“预训练大模型 + 下游任务迁移”的技术范式，成功产出多个百亿参数以内规模的模型。在金融行业的票据证照识别和服务合规性督查、智慧城市的道路状态监控、机场的航班节点保障等场景中，这些模型充分发挥了小样本学习能力，仅凭少量训练样本便能在短时间内完成具体场景的任务迁移。

这也是云从科技在资本市场上新一轮股票增发获得更多资金和资源及关注力后，落实到具体业务促进和增长方面的实际行动，标志着这样的可持续发展路径正沿着正向循环的发展轨迹稳步推进。

## 第四节　洁特生物：父子二人是创业搭档

前面章节中提及的洁特生物，是一家主要从事细胞培养类及与之相关的液体处理类生物实验室一次性塑料耗材研发、生产和销售的高新技术企业。该公司由中国医科大学医学硕士研究生、南京医学院医学硕士袁建华在广州市黄埔区创立。

洁特生物的发展轨迹颇具传奇色彩。袁建华在海外交流学习过程中，敏锐地发现了国际生物实验室一次性耗材使用的便利性，并意识到其在国内普及的巨大市场潜力和价值空间。回国后，他毅然选择闭门攻关技术，在技术创新层面实现了国产材料科技的突破，从而实现了同类产品的国产替代。

然而，在技术突破实现的同时，市场开拓却遇到阻碍。此时，袁建华在海外定居并工作的儿子被拉入洁特生物的原始创业团队，开始发挥他的海外市场营销才能，帮助洁特生物顺利开拓海外市场，使公司真正走向市场，实现了商业闭环。

在这个过程中，原本没有直接事业关联的父子二人，因洁特生物的刚性现实需要，成为事实上的创业合伙人。他们的亲缘关系及事业传承关系被合伙创业的事业伙伴身份替代，从而建立了协同奋斗的事业伙伴关系。

经过父子二人的共同努力，洁特生物迅速成为国内实验室一次性塑料耗材这一垂直细分市场领域的龙头企业，并成功通过 IPO 上市，开启了新的发展篇章。如今，父子二人的创业合伙人身份依然保持，一人负责后端的产品研发和生产，另一人主持全面工作，并主要承担市场销售和拓展。

儿子成长和成熟后，他作为创始团队的一员，对公司各项业务有了深入掌握，并对企业文化的打造和共享贡献良多。因此，企业的可持续发展传承问题已不再是一个独立命题，且在自然的业务发展过程中得到了良好解决。

父子二人携手创业的例子，在创业企业中相对少见。然而，洁特生物正是这样的典型代表。针对企业可持续发展问题，这种在日常业务发展过程中自然实现传承和延续的方式，或许是最为理想化的状态，也是最优的解决方案。未来，我们或许能看到更多类似案例的出现。

## 第五节　总结：开放才是企业未来管理的核心点

广义上的企业未来管理，其本质在于实现跨越周期的可持续发展。这种周期不仅涵盖企业内部管理的更迭，如创始人和核心管理团队的交替（所谓的接班交棒），还涉及企业产品和业务逻辑的周期性升级（所谓的第二曲线的寻找）。同时，也需考虑企业在整体经济发展周期中的生存与应对策略。

由于正处于这一跨越周期的关键节点，企业的发展状态正在发生深刻变化，其中自然蕴藏着巨大的增长潜力。这种潜力正是企业实现阶层跃迁和蜕变的强大动力。

### 一、企业需要更广泛的公众参与

纵观众多延续企业可持续发展的基本策略，无论是一二代创业者协同创业、二代接班，还是构建现代企业制度实现自主可持续运营，或者是扩大企业利益相关群体，让更广泛的公众参与企业的关注和管理，这些都是可供选择的具体路径。通过这些路径，我们能够发现一些影响企业未来管理的核心要素，这些要素是不同策略选择应共同考虑的基础。

首先，必须以开放的经营思维来扩大企业联盟群体的规模与质量。无论是吸纳创业创始人团队，还是引入企业家的亲友，或者是吸纳业务能力卓越的职业经理人，将他们纳入企业的发展运营团队中，都是形成广泛且实力强大的核心盟友团队的关键。

洁特生物创始人的父子共同创业，海缝企业家在关键节点引入二代协同创业，这些都是基于对合作伙伴的深度信任。而美的集团则选择让职业经理人方洪波执掌企业未来，同时让创始人子女独立运营创新业务，形成了双翼并飞的新型发展格局。这种开放的运营思维还体现在核心利益的共享和广泛联盟体系的建立上。在打造企业内部盟友体系的同时，还需构建广泛的外部利益共同体，即外部联盟体系。引入更多投资者，扩大与企业相关的利益相关者群体，是企业开放思维的具体体现。企业 IPO 将投资者群体从少数扩大到众多，这不仅增强了联盟的力量，还为企业吸引了更多关注和资源，丰富了可持续发展的动力来源。

其次，建立规范和现代的企业制度是基础且至关重要的。无论采取何种方式建立开放联盟，广泛吸引利益相关者长期关注，都需要一个符合现代企业制度要求的公开透明、公平公正、管理规范的企业内部经营体系。这不仅是建立盟友关系和利益相关者信任的基础，也是企业长远发展的必要条件。在这个过程中，清晰的企业发展战略、广泛共识的企业愿景价值观、科学的管理决策体系以及公开的财务和资源管理策略等都是不可或缺的关键要素。

最后，可持续发展的企业发展观是实现所有企业未来管理的前提。如果缺乏这一观念，那么无论是建立开放盟友体系还是现代企业制度，都徒劳无功。这也是当前中国民营企业发展面临的核心问题之一。将企业经营简单地视作一门生意，或者仅作为快速赚钱的手段，是许多企业经营者的普遍误区。他们往往把经营企业看作是挖矿，一旦资源枯竭便另寻他处，而缺乏从运营资源系统供给的角度去持续经营企业的思维。这种经营思维中缺乏可持续性和长期经营的理念，成为阻碍民营企业实现正规化、规模化、品牌化及可持续发展的突出思想桎梏。

## 二、民营企业家可持续发展理念的加强

值得欣慰的是，随着宏观经济发展环境的变化，如从增量经济模式向存量经济模式的转变，简单地挖掘资源已不再容易赚钱。加之国家政策环境对可持

续发展和高质量发展的倡导及引导，正激发着越来越多民营企业家转变和升级发展思维。可持续发展的新理念正在逐步形成和加强。

更重要的是，新一代创业者，无论是精心培养的二代企业家，还是拥有丰富职业创业经历的职场精英，无论是掌握核心技术的专家博士和高级知识分子，还是从创业之初就接受风险投资和标准化管理体系指导的创业者，在创业之初都具备了比前辈更高的起点。从核心的创业思维、创新方法，到所依托的技术手段和资源禀赋，可持续发展的核心理念都在其中生根发芽，成为企业文化的基因。

这种宏观和微观环境的变迁，将在很大程度上推动民营企业未来发展和可持续发展的质量提升，也必将为民营经济的高质量发展开启新的篇章。

# 后记

# 民营企业引爆增长之广州实践

企业经营是一门复杂的科学，需要运用各种基础学科知识，在不同时间和空间内，科学合理地调配使用涉及企业价值创造的多元要素，最终形成一个能够持续为社会创造价值和财富的实体组织。

对于众多民营企业而言，引爆增长既是刚需，也是重要的攻关突破口。尽管实现增长的路径和手段多种多样，但真正适合每个具体企业的选择或许并不那么丰富。这是因为每个企业的天然禀赋、基础资源储备和文化基因各不相同，所处的行业也千差万别。

《引爆增长——民营企业跃迁路径》一书从广州众多具有典型性的民营企业的创业成长及增长实践案例中，总结和归纳了五招十式的“增长密码”。这些密码从实践成功案例的角度出发，为民营企业提供了解决成长烦恼、实现增长的参考方案。然而，关于引爆增长的技术细节，以及背后隐藏的更多实操层面的问题，仍需进一步挖掘。这些内容将为民营企业提供更具体、更实用的商业实践操作参考。

后续，我们还将陆续推出引爆增长的系列案例集，从更细节的执行层面解密这些“增长密码”，以期发现更多直接指导民营企业突破自我、引爆增长的实践经验。

随着本书的顺利完结，我们满怀感激之情，对在本书编撰过程中给予大力支持的各方表示衷心的感谢。

首先，我们要感谢那些无私分享经验与见解的案例企业及负责人。正是你们的开放与坦诚，我们才能够深入挖掘企业成长的脉络，将实践中的智慧与策略呈现给读者。同时，感谢接受我们正式采访的各位嘉宾，你们的真知灼见为本书增色不少。

此外，我们还要感谢广州市工商联对本次调研活动的宝贵指导，以及为我们推荐优秀企业案例的政府部门，你们的支持与协助让我们的调研更加深入、全面。

在本书编撰过程中，我们也得到了许多热心人士的无私帮助。他们或是参与调研、行程安排，或是提供工作协调、资源对接等方面的支持。特别感谢张美娟、史冬娜等参与了多次调研和编辑工作，为本书出版作出重大贡献。同时，尤其感谢那些接受我们采访的专家学者和教授们，你们的专业见解为本书提供了坚实的理论支撑。

最后，我们要感谢所有为本书提供线索、建议和支持的朋友们。是你们的鼓励与陪伴，让我们在编撰过程中不断汲取动力，最终完成了这部作品。

再次感谢各位的鼎力相助，愿我们未来的合作更加紧密，共同为推动行业发展贡献智慧与力量。